DROITS D'ENREGISTREMENT

DES

VENTES SIMULTANÉES

DE NUE PROPRIÉTÉ ET D'USUFRUIT D'IMMEUBLES.

Législation. — Analyse du texte des lois. — Résumé de la Jurisprudence. — Décisions de la Direction générale de l'Enregistrement.

PAR M. DEMOMMEROT

RECEVEUR DE L'ENREGISTREMENT DES ADJUDICATIONS

1er BUREAU DU TRIBUNAL CIVIL DE LA SEINE

(PALAIS - DE - JUSTICE)

PARIS

IMPRIMERIE CHAIX

SOCIÉTÉ ANONYME

(Succ. B), rue de la Sainte-Chapelle. 5

1883

DROITS D'ENREGISTREMENT

DES

VENTES SIMULTANÉES

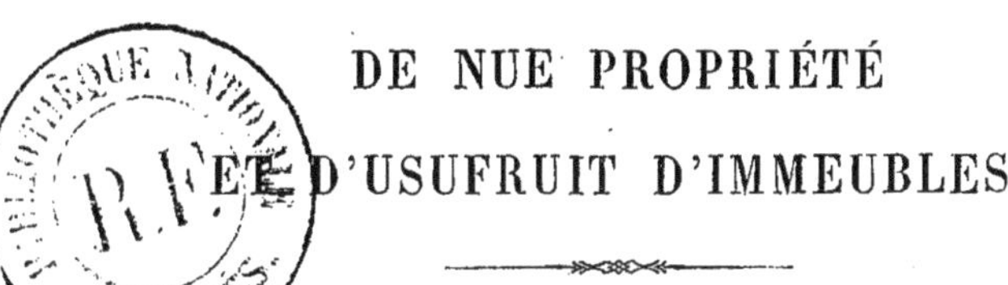

DE NUE PROPRIÉTÉ ET D'USUFRUIT D'IMMEUBLES.

Législation. — Analyse du texte des lois. — Résumé de la Jurisprudence. — Décisions de la Direction générale de l'Enregistrement.

PAR M. DEMOMMEROT
RECEVEUR DE L'ENREGISTREMENT DES ADJUDICATIONS
1er BUREAU DU TRIBUNAL CIVIL DE LA SEINE
(PALAIS-DE-JUSTICE)

PARIS
IMPRIMERIE CHAIX
SOCIÉTÉ ANONYME
(Succ. B), rue de la Sainte-Chapelle, 5
1883

PRÉFACE

La perception des droits d'enregistrement sur les ventes de nue propriété et d'usufruit d'immeubles a soulevé, depuis la promulgation de la loi de frimaire, des difficultés de toute nature; soit que la nue propriété et l'usufruit aient été vendus par le même acte à deux personnes différentes;

Soit que la nue propriété seule ait été aliénée;

Soit enfin que la nue propriété et l'usufruit aient été cédés par le même acte à la même personne.

Une question tout d'abord n'a semblé faire aucun doute : c'est que la valeur de la nue propriété, au point de vue fiscal, était égale à la valeur de la toute propriété.

En effet, le principe des déductions repose, dans la plupart des cas, sur un paiement effectué à l'origine d'après ce mode d'évaluation, la nue propriété renfermant en elle-même les conditions immanentes à la toute propriété, puisque d'après des lois immuables, l'usufruit viendra s'y réunir un jour.

Quoi qu'il en soit, la Cour de Cassation a successivement décidé, pour les deux premiers cas, que le droit devait être perçu seulement sur la valeur de la nue propriété, sans addition de la valeur de l'usufruit; pour le troisième, que la condition exceptionnelle où se trouvait la propriété, pendant l'existence d'un usufruit, exonérait l'acquéreur de cette propriété d'une quotité du droit de mutation correspondante à la valeur de cet usufruit. Il importe peu que la vente ait eu lieu au profit d'un tiers acquéreur, le droit perçu par anticipation gouvernant toutes mutations possibles de la nue propriété jusqu'à la reconstitution complète de la toute propriété.

L'arrêt de principe de la Cour de Cassation, ainsi que les jugements d'espèce rendus dans le même sens par un certain nombre de tribunaux secondaires, ont formé une jurisprudence nouvelle suivie de solutions administratives que l'on doit considérer comme la conséquence et le corollaire obligés des décisions judiciaires.

Mais toutes ces décisions soit judiciaires, soit administratives reposent sur un fait, qu'il importe de mettre en lumière; à savoir, que lors du démembrement les nus propriétaires aient acquitté le droit sur la valeur entière de la propriété. Si cette condition absolue n'a pas été remplie, l'agent chargé de la perception est fondé à asseoir le droit de mutation sur la valeur totale, sans distraction de la valeur de l'usufruit. Or, si l'on veut bien reconnaître qu'il s'agit là d'une mesure d'exception, d'un mode de procéder contraire au principe général contenu dans l'article fondamental de la loi de frimaire, il faudra nécessairement admettre que la justification du paiement anticipé des droits de mutation, incombe à celui qui demande à bénéficier de l'exception.

Dans la pratique, cette justification est rarement faite, et il est matériellement impossible au receveur chargé d'enregistrer les actes et jugements de se procurer, avant l'expiration des délais, les renseignements qui lui seraient nécessaires pour agir en pleine connaissance de cause et concilier le principe des déductions avec la sauvegarde de sa propre responsabilité.

Cependant, cette justification peu difficile à faire, serait de nature à garantir tous les intérêts.

Nul n'ignore, en effet, que jusqu'à présent l'acquéreur seul a bénéficié du droit perçu par anticipation, tandis que le nu propriétaire a vu sa chose passer entre les mains d'un tiers, avant d'avoir recueilli l'usufruit pour lequel il a préalablement acquitté les droits de mutation. Il paraîtrait donc juste que le dégrèvement affecté à la vente simultanée de la nue propriété et de l'usufruit profitât au vendeur, au moins dans une certaine mesure.

Le tableau qui termine cet opuscule fait voir que, dans certains cas, l'abaissement du droit d'enregistrement va jusqu'à 2,50 0/0. Avec cette marge, un acquéreur qui d'avance serait renseigné sur les conditions exactes dans lesquelles se trouve l'immeuble mis en vente, pourrait opérer un virement de la somme mise en provision pour acquitter le droit ordinaire d'enregistrement, à celle affectée au paiement du prix. Par voie de conséquence, le vendeur profiterait de cette mise supplémentaire et le Trésor y gagnerait aussi, puisque la quotité de la valeur imposable aurait augmenté.

Une énonciation dans le cahier des charges à la suite de l'origine de propriété, ou un dire complémentaire si les justifications avaient été produites tardivement, suffiraient pour mettre la responsabilité du receveur à couvert et pour l'autoriser à opérer les déductions permises.

Sauf une courte analyse du texte des lois, analyse personnelle à l'auteur et n'ayant par cela même aucun caractère officiel, le lecteur n'a sous les yeux que des documents authentiques puisés dans les instructions de l'Administration, et dans les recueils spéciaux.

L'ordre chronologique adopté permettra de suivre, année par année, les changements qui se sont opérés dans la jurisprudence, d'en reconnaître les tendances et d'en apprécier la valeur.

DROITS D'ENREGISTREMENT

SUR LES

VENTES SIMULTANÉES

DE NUE PROPRIÉTÉ

ET D'USUFRUIT D'IMMEUBLES.

Législation. — Analyse du texte des lois. — Résumé de la Jurisprudence. — Décisions de la Direction générale de l'Enregistrement.

Législation.

Loi du 19 décembre 1790.

ARTICLE 2, SIXIÈME SECTION.

Lorsque le vendeur ou le donateur se réserveront l'usufruit, le droit sera acquitté sur la valeur entière de l'immeuble ; mais il ne sera dû aucun nouveau droit pour la réunion de l'usufruit à la propriété.

Art. 12. Sur les déclarations que les donataires et légataires en ligne directe seront tenus de fournir de la valeur entière des biens immeubles réels ou fictifs qui leur seront échus en propriété, il ne sera perçu que la moitié de ces droits pour les déclarations d'usufruit des mêmes biens, il ne sera rien dû pour la réunion de l'usufruit à la propriété lorsque le droit d'enregistrement aura été acquitté sur la valeur entière du titre de propriété.

Texte primitif de la loi du 22 frimaire an VII, article 9, n° 7.

La valeur de la propriété de l'usufruit ou de la jouissance des biens-fonds est déterminée, pour la liquidation et le paiement du droit proportionnel, ainsi qu'il suit : ..... 6° pour les ventes, par le prix exprimé sans fraude, en y ajoutant toutes les charges en capital ; 7° pour les transmissions de propriété entre vifs à titre gratuit, et celles qui s'effectuent par décès, par l'estimation.....

L'héritier donataire ou légataire qui n'aura d'abord recueilli que la nue propriété, n'aura, ou *son ayant cause*, aucun droit nouveau à payer lors de l'extinction de l'usufruit, ou de sa réunion à la propriété.

Texte définitif de la loi du 22 frimaire an VII.

Art. 4. Le droit proportionnel est établi pour toute transmission de propriété, d'usufruit ou de jouissance de biens immeubles, soit entre vifs, soit par décès. Il est assis sur les valeurs.

Art. 15. La valeur de la propriété et de la jouissance des immeubles est déterminée, pour la liquidation et le paiement du droit proportionnel, ainsi qu'il suit, savoir : § 6. Pour les ventes..... par le prix, en ajoutant toutes les charges en capital..... Si l'usufruit est réservé par le vendeur, il sera évalué à la moitié de tout ce qui forme le prix du contrat, et le droit sera perçu sur le total; mais il ne sera dû aucun droit pour la réunion de l'usufruit à la propriété. Cependant, si elle s'opère par un acte de cession, et que le prix soit supérieur à l'évaluation qui en aura été faite pour régler le droit de translation de propriété, il est dû un droit par supplément sur tout ce qui se trouve excéder cette évaluation. Dans le cas contraire, l'acte de cession est enregistré au droit fixe.

§ 7. Pour les transmissions de propriété entre vifs à titre gratuit, et celles qui s'effectuent par décès, par l'évaluation qui sera faite et portée à vingt fois le produit des biens ou le prix des baux courants, sans distraction des charges. Il ne sera rien dû pour les réunions de l'usufruit à la propriété, lorsque le droit d'enregistrement aura été acquitté sur la valeur entière de la propriété.

§ 8. Pour les transmissions d'usufruit seulement, soit entre vifs à titre gratuit, soit par décès, par l'évaluation qui en sera portée à dix fois le produit des biens ou le prix des baux courants, sans distraction des charges. Lorsque l'usufruitier qui aura acquitté le droit d'enregistrement pour son usufruit, acquerra la nue propriété, il paiera le droit d'enregistrement sur sa valeur, sans qu'il y ait lieu de joindre celle de l'usufruit.

Art. 31. Les droits des actes civils et judiciaires emportant translation de propriété ou d'usufruit d'immeubles, seront supportés par les nouveaux possesseurs.

Art. 68, n° 48. Sont soumis au droit fixe de 1 franc :..... les réunions de l'usufruit à la nue propriété, lorsque la réunion s'opère par acte de cession et qu'elle n'est pas faite pour *un prix supérieur* à celui sur lequel le droit a été perçu *lors de l'aliénation de la propriété.*

Loi du 28 avril 1816.

Art. 44. Sont soumis au droit fixe de 3 francs :..... les réunions de l'usufruit à la nue propriété, lorsque la réunion s'opère par acte de cession et qu'elle n'est pas faite pour un prix supérieur à celui sur lequel le droit a été perçu lors de l'aliénation de la propriété.

Analyse des textes.

D'après l'article 4 de la loi du 22 frimaire an VII, le droit proportionnel est assis sur les valeurs.

Pour les ventes, la valeur est établie par le prix exprimé, augmenté des charges en capital.

Pour les transmissions à titre gratuit ou par décès, la valeur est établie par un capital formé de vingt fois le revenu des biens, augmenté des charges annuelles.

Il arrive fréquemment que la propriété immobilière est l'objet d'un démembrement conventionnel qui donne lieu à des modes de possession d'une nature différente : l'un, a la nue propriété sans la jouissance ; l'autre, la jouissance ou l'usufruit sans la propriété. Ces expressions sont assez claires par elles-mêmes pour n'avoir pas besoin de définition.

Mais, suivant que le démembrement s'est opéré par voie de transmission à titre onéreux — art. 15, § 6 — ou au moyen d'une transmission à titre gratuit, ou par décès — art. 15, § 7 — la perception de l'impôt subit une différence qu'il importe de faire remarquer.

Dans le premier cas, « si l'usufruit est réservé par le vendeur, il sera évalué à la moitié de tout ce qui forme le prix du contrat, et le droit sera perçu sur le prix total. »

Pourquoi ? parce que le droit devant être assis sur les valeurs, et la nue propriété ne représentant qu'une partie fractionnaire de la propriété, il fallait trouver, pour compléter l'entier, un équivalent légal, à l'abri de toute discussion, et devant servir uniformément d'assiette à la perception. Mais cette évaluation, considérée comme moyen et non comme fin, pouvait ne pas être définitive.

En effet, la loi spécifie que si la réunion de l'usufruit à la nue propriété s'opère par un acte de cession avec un prix supérieur à l'évaluation primitive, il sera dû un droit par supplément sur ce qui excède cette évaluation.

Il résulte de ceci que la valeur de la nue propriété et la valeur de l'usufruit, additionnées, donnent exactement la valeur de la toute propriété, d'accord ainsi avec l'article 4.

Mais il n'en est pas de même pour les donations et les successions. — Art. 15, § 7. — Lorsque l'usufruit est réservé ou transmis à un tiers, la loi crée une valeur fictive égale à la moitié de la valeur totale et, comme telle, assujettie à l'impôt ; de sorte qu'à l'époque du démembrement, le droit est perçu sur une unité et demie. L'article est muet sur le cas d'une cession ultérieure à titre onéreux, par l'usufruitier au nu propriétaire.

En effet, les bases de la perception n'étant pas les mêmes, le législateur ne pouvait, comme dans le paragraphe précédent, prévoir le cas d'une cession faite pour un prix supérieur à celui sur lequel l'impôt aurait été acquitté, ou il aurait établi en même temps une relation directe entre les deux valeurs, relation qui eût permis de les réduire à un dénominateur commun.

Vainement prétendrait-on que la loi a voulu éviter, dans le paragraphe 7, la répétition d'une phrase insérée dans le paragraphe 6 ; il suffirait de faire remarquer : 1° qu'il s'agit de valeurs d'une nature différente, et que si la cession à titre onéreux de l'usufruit avait été prévue comme dérogation à la règle générale, un mode particulier de perception eût été indiqué par voie de conséquence.

Ainsi, dans le paragraphe 8, le législateur a examiné le cas où l'usufruitier deviendrait cessionnaire de la nue propriété. Le droit d'enregistrement sera alors acquitté sur la valeur de cette nue propriété, sans qu'il y ait lieu d'y joindre celle de l'usufruit. Et cette disposition rentre dans le principe général posé par l'article 4. La perception est établie sur la valeur des deux fractions qui doivent recomposer l'entier.

Ni le tarif, ni le mode d'évaluation ne sont les mêmes.

Mais, dans le cas de vente d'un usufruit, lorsque le démembrement de la propriété a eu lieu par décès, comment dégager l'élément de la perception ?

Un exemple va faire ressortir la contradiction qui résulte de l'assimilation forcée du paragraphe 7 avec le paragraphe 6, relativement aux cessions de cette nature.

§ 1er. — Vente.

Vente avec réserve d'usufruit, prix............Fr.	20.000
Valeur de l'usufruit................................	10.000
Cession ultérieure de cet usufruit moyennant.......	12.000
Le droit sera perçu sur ....Fr.	2.000

§ 2. — Succession.

Terrain légué en nue propriété et en usufruit à deux personnes différentes.

Revenu 1,000 francs. Capital..................Fr.	20.000
Droits payés par le nu propriétaire sur...........	20.000
Par l'usufruitier sur	10.000
Cession ultérieure de l'usufruit moyennant.......	100.000
Différence...	90.000
Droit exigible sur..........................Fr.	»

Cette divergence, qui conduirait à une véritable inégalité devant l'impôt, n'a donc pu être prévue par le législateur, et suffirait pour démontrer que les paragraphes 6 et 7 sont indépendants l'un de l'autre et renferment, chacun séparément, les éléments appropriés aux intérêts qu'ils ont mission de régler.

Qu'on lise, au surplus, le texte des articles 68, n° 42 de la loi de frimaire, et 44 de la loi du 28 avril 1816.

Sont passibles du droit fixe :... les réunions de l'usufruit à la nue propriété, lorsque la réunion s'opère par acte de cession et qu'elle n'est pas faite pour un *prix* supérieur à celui sur lequel le droit a été perçu lors de *l'aliénation* de la propriété.

Alors, de deux choses l'une : ou le mot aliénation est limitatif et ne doit s'entendre que du démembrement de la propriété par suite d'une vente; ou il est général et la loi n'est pas obéie, puisqu'il n'est jamais perçu de droit supplémentaire, lorsque l'usufruit cédé à titre onéreux provient d'un décès ou d'une transmission à titre gratuit. Mais la première hypothèse est évidemment la seule acceptable, car le législateur n'aurait jamais employé le mot « aliénation » dans le sens de mutation par décès.

Les mots prix et aliénation sont corrélatifs. On peut bien acquérir par voie de succession, mais il y a contradiction absolue entre les mots succession et aliénation; un mort n'aliène pas; il saisit, « Le mort saisit le vif ».

Donc encore, il ne paraît pas possible de transporter de l'un à l'autre les dispositions additionnelles qui terminent les paragraphes 6 et 7.

Du rapprochement des trois paragraphes 6, 7 et 8, il résulte que dans deux d'entre eux, 6 et 8, les cas de la cession de l'usufruit d'une part, de la nue propriété d'autre part, ont été prévus. Dans le 7e, il n'a rien été stipulé à cet égard. Il résulte encore, et l'examen de la disposition matérielle de l'article 15 confirme cette manière de voir, que chacun des paragraphes forme un tout isolé de celui qui le précède et de celui qui le suit. Par conséquent, les cessions d'usufruit faites à titre onéreux, lorsque le démembrement primitif a eu lieu par suite d'un décès ou d'une transmission à titre gratuit, échappent à une règle spéciale et rentrent dans les prescriptions générales de l'article 4. « Le droit proportionnel est établi pour toute transmission d'usufruit et de jouissance de biens meubles ou immeubles. »

Pendant les années qui ont suivi la promulgation de la loi de frimaire, et jusqu'en 1829, les interprétations de l'article 7 n'ont pas eu à subir les influences que le temps et la multiplicité des cas ont fait naître depuis.

Le texte paraissait assez clair et signifiait alors : il ne sera rien dû par le nu propriétaire à l'époque de l'extinction de l'usufruit lorsque le droit aura été acquitté sur la valeur entière de la propriété. Il semblait que l'exemption de l'impôt ne pouvait profiter qu'à celui-là seul qui l'avait préalablement acquitté.

Le silence même de l'article 7, sur les cessions d'usufruit faites à prix d'argent, paraît significatif. Le n° 6, qui a rapport au démembrement de la propriété par acte de vente, est au contraire très explicite.

« Il ne sera dû aucun droit pour la réunion de l'usufruit ». Le texte est le même. Mais si la réunion s'opère par voie de cession, etc....

Si le législateur avait voulu créer une nouvelle exception aux dispositions des articles 4 et 69, paragraphe 7, ne pouvait-il pas éviter le danger possible d'une interprétation erronée en complétant les dispositions du paragraphe 7 par une simple addition de cinq mots : « Il ne sera rien dû pour la réunion de l'usufruit à la nue propriété, *même par voie de cession* », lorsque (etc.)...

Le soin qui a présidé à la rédaction des nos 6 et 8 n'autorise pas la supposition d'une omission volontaire, et confirme l'idée précédemment émise que, dans ce cas, les cessions d'usufruit devaient tomber sous l'empire du droit commun. Cependant, une dérogation s'est produite dès l'origine, et il a été admis que les représentants du nu propriétaire devaient également bénéficier de l'exception.

« La représentation, dit l'article 739 du Code civil, est une fiction de la loi dont l'effet est de faire entrer le représentant dans la place, dans le degré et dans les droits du représenté. »

Le titre de propriété remonte alors jusqu'au jour de l'acquisition faite par l'auteur commun. Les héritiers ou donataires recueillant la succession avec toutes les charges qui la grèvent, peuvent donc, puisqu'ils sont tenus au paiement de ces charges, bénéficier légitimement des dégrèvements d'impôt dont eût profité l'auteur commun s'il eût vécu.

Mais — ce que rien, du reste, ne paraît autoriser — si le bénéfice du dégrèvement passe au représentant du nu propriétaire, il ne s'étend à l'ayant cause que par une interprétation dont il est malaisé de trouver les motifs. Le tiers acquéreur n'est pas tenu de payer les dettes de la succession, et n'ayant pas été à la peine, il ne paraît pas juste, au premier abord, qu'il se trouve à la récompense.

Comparez le texte primitif de la loi de frimaire avec son texte définitif. On lit dans le premier : « L'héritier, donataire ou légataire de la nue propriété, n'aura, ou *son ayant cause,* aucun droit nouveau à payer lors de l'extinction de l'usufruit et de sa réunion à la nue propriété ». Dans le second, le mot *ayant cause* a été éliminé. Il serait intéressant de connaître les motifs de cette suppression, et les raisons données par les auteurs de l'amendement qui a prévalu dans la rédaction définitive.

Ne peut-on pas penser que l'élimination du mot « ayant cause » a eu pour but de restreindre aux seuls nus propriétaires le bénéfice de l'exception créée : conclusion concordant avec ce qui a été dit plus haut.

Dans tous les cas, cette hypothèse est au moins vraisemblable ; mais ce qui est hors de doute, c'est qu'à l'époque où la loi de frimaire a commencé à recevoir son application, au moment où les motifs qui l'avaient inspirée étaient présents à tous les esprits, nul n'aurait pensé à assimiler « l'ayant cause » à l'héritier, au donataire ou au légataire. « Lorsque, dit une Instruction du 5 juin 1809, la réunion a lieu par acte entre vifs et à titre onéreux, le propriétaire acquiert réellement une jouissance dont il n'avait que l'expectative, il y a en sa faveur une transmission effective, et dès qu'il n'a pas payé entièrement le droit sur la valeur entière des biens, il est tenu, comme le serait un tiers, d'acquitter le droit proportionnel. »

Enfin, si les prescriptions des n°s 6 et 7 devaient être confondues, peut-être eût-il été possible de soutenir l'exigibilité d'un droit supplémentaire sur l'évaluation primitive, et en face de l'impossibilité de comparer entre elles deux quantités d'une nature différente, d'arriver au même résultat en imputant sur le droit à percevoir, le droit perçu par anticipation.

Extension donnée par l'art. 15 à l'art. 4.

Et si, avant d'aborder les points de discussion à mesure qu'ils se sont produits, on envisage la question dans son ensemble et dans sa marche générale, on pourra reconnaître que l'administration, forte de la lettre et de l'esprit de la loi, a maintenu tant qu'elle l'a pu les prérogatives du Trésor en ce qu'elles avaient d'absolu, relativement à la nue propriété, considérée au point de vue de l'impôt, comme ayant la valeur de la toute propriété. Art. 15, n° 7 — 1.

Que la Cour de Cassation, au contraire, a toujours tendu à ramener les perceptions faites sur la valeur de la nue propriété à une quotité égale à la valeur de cette nue propriété, abstraction faite de la perspective de l'usufruit; en un mot, à faire rentrer complètement l'exception créée par l'article 15, dans les prescriptions générales de l'article 4.

En effet, à défaut de la possibilité d'une détermination exacte, il arrivait que l'acquéreur de la nue propriété se trouvait exposé à payer des droits sur une valeur beaucoup plus considérable que celle de la propriété tout entière.

Voici un exemple :

Propriété vendue avec la réserve de l'usufruit moyennant	Fr.	20.000
Droit perçu sur 20,000 francs, plus 1/2, 10,000 =	Fr.	30.000
Dix années s'écoulent, la nue propriété s'est rapprochée du terme qui la sépare de la réunion de l'usufruit et a acquis, par suite, une valeur de	Fr.	25.000
Si l'on ajoute 1/2 pour la valeur de l'usufruit		12.500
On a	Fr.	37.500

Le droit de vente sera perçu sur cette somme, supérieure de 7,500 francs à la valeur de la toute propriété, c'est-à-dire sur une valeur tout à fait fictive, et la loi n'a créé de valeur fictive que dans le cas de mutation à titre gratuit ou par décès. De quelque côté que l'on se plaçât alors, on arrivait à une contradiction. Que l'on perçût sur 37,500 francs, comme le voulait l'administration, ou sur 25,000 francs, comme le décidait la Cour, on était au delà ou en deçà de la vérité. C'est donc mue par des considérations de fait que la Cour avait une tendance réelle à chercher, et à trouver avec le concours de l'article 4, une solution qui, si elle n'était pas absolument juridique, paraissait, dans tous les cas, plus équitable.

Mais plus tard, ces limites ont été franchies, et après avoir refusé un impôt dont l'assiette dépassait le quantum de la valeur des biens, la Cour, entraînée par les conséquences de ses premiers arrêts, a autorisé des déductions non justifiées; de telle sorte que la perception du droit qui, à l'origine, était basé sur la valeur portée à 4/3 ou 8/6, n'atteint plus aujourd'hui, dans certains cas, que 1/2 ou 3/6.

De tout ceci, il faut conclure que les moyens scientifiques de l'époque ne permettaient pas, en 1799, de résoudre ces difficultés avec une précision suffisante. Aujourd'hui, le problème peut être abordé. A la fiction métaphysique créée par l'ancienne loi, il s'agit de substituer une base matérielle et positive suivant une méthode rationnelle, c'est-à-dire de décomposer la propriété considérée comme unité en deux parties relatives, l'une à la valeur de la nue propriété, l'autre à la valeur de l'usufruit calculée d'après l'âge de l'usufruitier, de manière que la somme des deux facteurs, le premier toujours subordonné au second, ne dépasse jamais l'unité.

Une échelle biométrique, divisée en un nombre de degrés suffisants, pour correspondre aux différents âges de la vie, permettrait de calculer très approximativement la durée d'un usufruit. Si l'on faisait une objection tirée des difficultés de la pratique, il suffirait de montrer que le travail de péréquation serait beaucoup moins compliqué que celui résultant de la détermination de l'usufruit sur des fractions qui vont quelquefois jusqu'au millième.

Dans l'application des lois fiscales, et notamment en matière d'impôts, « on ne peut pas étendre d'un cas à l'autre, par voie d'induction ou même d'analogie, la disposition de la loi. »

Cet axiome est extrait d'un arrêt de la Cour de Cassation du 20 mars 1826 (voir p. 13). Son application dès l'origine aux exceptions prévues par l'article 15, §§ 6 et 7, eût probablement rendu beaucoup moins nombreuses les difficultés soulevées par l'interprétation de cet article.

En effet : si l'on ne peut étendre ni par voie d'induction ni par voie d'analogie, un cas à un autre ; dans le paragraphe 6, après ces mots : « Si l'usufruit est réservé par le vendeur, il sera évalué à la moitié de tout ce qui forme le prix du contrat et le droit sera perçu sur le total », eût-il fallu lire ensuite simplement : « mais il ne sera dû aucun droit par *l'acquéreur* lors de la réunion de l'usufruit à la nue propriété », et non pas, en étendant par analogie le sens et la portée de la loi : par l'héritier, le donataire, le légataire de l'acquéreur, par l'ayant cause de l'acquéreur.

De même, au paragraphe 7 : « Il ne sera rien dû pour la réunion de l'usufruit à la propriété, lorsque le droit aura été acquitté par l'héritier, le donataire, le légataire de la nue propriété » ; et non pas : par l'hériter, son représentant ou son ayant cause.

Ce dernier paragraphe, du reste, a été lu de la sorte pendant cinquante ans, jusqu'au jour où l'arrêt du 27 décembre 1847 en a étendu, par voie d'analogie, le sens et la portée.

Les difficultés eussent alors été circonscrites au cas d'une seconde ou d'une troisième cession, avant l'extinction de l'usufruit.

Il est évident que l'acquéreur du nu propriétaire était exposé à payer des droits supérieurs à ceux qui devaient être dus, étant admis qu'au fur et à mesure de la durée de l'usufruit, la nue propriété acquiert une plus grande valeur, et que le calcul prescrit par l'article 6 tend à s'écarter de plus en plus de l'évaluation réelle.

Mais à défaut d'une détermination précise, les principes généraux contenus dans les articles 4 et 16 de la loi, suffiraient à la solution de la difficulté. Ainsi, au droit de vente exigible sur le prix stipulé pour la nue propriété, l'acquéreur aurait eu à supporter un autre droit pour la valeur de l'usufruit fixée par une déclaration régulière et sous la réserve de l'expertise prévue par l'article 17 de la loi du 22 frimaire an VII.

Jurisprudence.

La question des droits à percevoir sur les ventes simultanées de nue propriété et d'usufruit a été lente à se produire sous une forme aussi concise. Quatre-vingts ans ont été nécessaires pour trouver le point irréductible que l'analyse a su dégager à l'aide des arrêts de la Cour de Cassation, des jugements des tribunaux secondaires, des délibérations et des solutions de l'administration.

Pour comprendre cette question, depuis le premier jusqu'au dernier de ses termes; pour se former une opinion raisonnée qui puisse non seulement servir de règle dans la pratique, mais donner en même temps à l'esprit la satisfaction qui suit la découverte du vrai, il est nécessaire de remonter aux origines et de suivre pas à pas l'évolution qui s'est accomplie depuis la loi de frimaire jusqu'à ces dernières années.

Afin d'atteindre plus sûrement ce but, il a été fait un choix de tous les documents qui touchent soit directement, soit indirectement aux ventes de nue propriété et d'usufruit ainsi qu'aux autres points de discussion soulevés par l'article 15 de la loi du 22 frimaire an VII, dans les paragraphes 6, 7 et 8.

Décision du 9 frimaire an VII.

Sous l'empire de la loi de 1790, la régie décide que la vente par le même acte de la nue propriété d'un immeuble et de l'usufruit à un autre était passible, savoir : à la charge de l'acquéreur de la nue propriété.

1° Du droit de vente sur la valeur de la nue propriété. Fr. 1.000
2° Sur la valeur de l'usufruit 1.000
3° A la charge de l'usufruitier sur la valeur de l'usufruit. 1.000

La valeur de la toute propriété étant 2,000, le droit est perçu sur 3,000 ou 3/2.

« L'acte produit évidemment deux transmissions d'usufruit; la première s'effectue sur-le-champ, au profit de celui qui l'acquiert immédiatement; la seconde s'opérera plus tard au profit de l'acquéreur de la nue propriété. Il est donc juste qu'il acquitte le droit non seulement sur le prix de la nue propriété, mais encore sur celui de l'usufruit qu'il doit recueillir. »

Décision du 8 brumaire an VIII.

Une vente est faite moyennant 70,000 francs, savoir : 40,000 francs à la charge du nu propriétaire, 30,000 francs à la charge de l'usufruitier. Le droit est perçu sur 100,000. 40,000 + 30,000 + 30,000.

Le droit de vente est perçu sur les 10/7 de la valeur nominale de la toute propriété. 1 + 3/7.

Décision de l'an X.

Le droit de vente est perçu sur les 9/7 de la valeur nominale de la toute propriété. 1 + 2/7.

Les bases de la perception ne peuvent être fixées, d'après le nombre 6 de l'article 15, que sur le prix convenu pour la mutation de la nue propriété, c'est-à-dire si l'on se réfère à l'espèce précédente :

Prix de la nue propriété	Fr.	40.000
Moitié en sus		20.000
Prix de l'usufruit		30.000
	Fr.	90.000

Solution du 25 pluviôse an IX.

L'exemption du droit n'équivaut pas à paiement.

La cession par une mère à ses enfants, moyennant une pension, d'un usufruit légué par testament passé et enregistré en 1793, est sujette au droit proportionnel, lorsque les droits de succession n'ont pas été payés.

« L'article 15, nombre 7, dit : Il ne sera rien dû pour la réunion de l'usufruit à la propriété lorsque le droit d'enregistrement aura été acquitté sur la valeur entière de la propriété.

» Il faut donc, pour être dans le cas de l'exception, que le droit se trouve acquitté d'avance sur l'entière valeur des immeubles ; prétendre qu'il suffit que le droit ait été dû et qu'il soit prescrit, c'est bien une nouvelle exception qui n'est pas dans la loi. »

Le démembrement a eu lieu dans les termes du n° 7, l'argument est tiré du n° 6.

« Les actes de réunion d'usufruit à la propriété ne sont dispensés du droit proportionnel que quand le droit a été payé sur la valeur de l'usufruit. Cela est si vrai que si la réunion s'opérait moyennant un prix supérieur à celui sur lequel le droit a été perçu à raison de cet usufruit, lors de la mutation de la nue propriété, il serait dû un supplément de droit sur ce qui se trouverait excéder cette évaluation. »

Décision du 21 ventôse an X.

Interprétation de l'art. 15, n° 6, § 2.

L'usufruit transmis à titre onéreux, moyennant un prix conditionnel, doit être évalué au tiers de la toute propriété.

Cession d'usufruit à titre onéreux.

Extension de l'exception créée par l'article 15, n° 7.

La réunion d'usufruit qui s'effectue au moyen d'une cession à titre onéreux, lorsque la première transmission s'est opérée à titre gratuit ou par décès, ne peut, dans aucun cas, donner ouverture au droit proportionnel. Cette exemption a sa source dans le texte même de la loi.

C'est du moins ce que disent les rédacteurs de l'enregistrement n° 1077. J. Mais la démonstration n'est pas faite.

Vente simultanée de nue propriété et d'usufruit.

L'évaluation de l'usufruit n'est pas fixée

La cession de la nue propriété et de l'usufruit d'immeubles

moyennant un prix distinct, donne ouverture au droit proportionnel sur les deux prix de vente.

d'une façon absolue à la moitié de la valeur de la nue propriété. Lorsque cet usufruit est cédé moyennant un prix, c'est ce prix qui doit servir de base à la perception. Donc, si la valeur de l'usufruit est variable au point de vue de l'impôt, rien ne s'oppose, à défaut de prix, à une évaluation faite conformément à l'art. 16.

En l'an XI (art. 1530 du *Journal de l'Enregistrement*), il n'était pas question de déduire la valeur de l'usufruit pour asseoir le droit de vente : c'est de la détermination seule de cet usufruit qu'il s'agissait.

Voici l'espèce :

Deux vendeurs aliènent, l'un, la nue propriété d'un immeuble moyennant ....Fr. 6.000
l'autre, l'usufruit, moyennant 2.000
On a demandé s'il ne fallait pas estimer d'office l'usufruit à.................... 3.000
et percevoir sur ....Fr. 9.000

Les rédacteurs pensent avec raison que le prix seul doit servir de base, conformément au premier alinéa du § 6 de l'article 15.

Divergences dans les évaluations de la nue propriété et de l'usufruit.

11 frimaire an VII, article 1861 du *Journal de l'Enregistrement*.

Par un même acte, on vend la nue propriété d'un immeuble à une personne et l'usufruit à une autre, moyennant 2,000 francs pour le tout, et sans désignation du prix de la nue propriété et du prix de l'usufruit. Comment liquider le droit?

Il est intéressant de faire connaître la solution adoptée par les rédacteurs, ainsi que deux solutions combattues par eux. Toutes trois sont erronées; mais ce qu'il faut retenir de ces appréciations diverses, c'est la tendance générale à trouver alors dans le texte de la loi un motif d'augmentation de la valeur imposable.

1er Moyen. La valeur de la propriété est égale à 3/2. 1 + 1/2.

« Quelques-uns ont pensé que, dans cette espèce, les droits étaient perceptibles sur 2,000 francs pour la vente de la nue propriété, et sur 1,000 francs pour celle de l'usufruit. C'est visiblement une erreur. La somme de 2,000 francs que reçoit le vendeur forme non seulement le prix de la nue propriété, mais aussi celui de l'usufruit. »

2e moyen. La valeur de la propriété est égale à 5/4. 1 + 1/4.

» D'autres, au contraire, ont arbitré le prix de l'usufruit à la moitié de la valeur entière, et ont pensé que le droit devait être perçu pour la nue propriété sur 1,500 francs, et pour l'usufruit sur 1,000 francs. C'est encore une erreur. Dans les principes de la loi du 22 frimaire an VII, l'usufruit ne s'évalue à la moitié de la propriété que dans le cas de transmission à titre gratuit et à défaut de prix dans l'acte; il s'évalue au tiers s'il s'agit de transmission à titre onéreux. Si la vente avait été faite avec réserve d'usufruit moyennant 1,333 fr. 33 c., on ajouterait, aux termes de l'article 15, n° 6 de la loi, moitié en sus ou 666 fr. 67 c., ensemble : 2,000 francs.

3e moyen. Opinion des rédacteurs. La valeur de la propriété est égale à 4/3. 1 + 1/3.

» L'usufruit est donc du tiers de la valeur totale; et attendu que, dans l'espèce, le prix de 2,000 francs est fixé pour la valeur entière par le contrat, qui ne contient aucune division pour celle de la nue propriété ni pour celle de l'usufruit, et qui, par conséquent, ne renferme pas de disposition aléatoire, on ne peut reconnaître pour la valeur entière que celle de 2,000 francs et pour l'usufruit que le tiers de cette somme. Ainsi, il doit être perçu le droit sur

2,000 francs pour la nue propriété, et sur 666 fr. 67 c. pour l'usufruit. »

Décision de l'administration. Le droit est perçu sur la valeur considérée comme unité. 1 = 1.

La controverse soulevée par ces différents modes d'évaluation a duré jusqu'au 20 mars 1827, époque à laquelle parut l'instruction n° 1205, qui mit fin, momentanément, au débat en prescrivant d'asseoir la perception sur le prix exprimé, sans addition de la valeur de l'usufruit soumis à une expectative.

Décision du 11 avril 1809. Instruction générale, n° 432.

Distinction entre les divers modes de réunion d'usufruit.

Réunions d'usufruit à la propriété.

« Il faut distinguer les réunions d'usufruit, qui s'opèrent par décès, de celles qui résultent de cessions volontaires.

» Dans le premier cas, le propriétaire reprend l'exercice entier de la propriété, dont la jouissance avait été séparée pour un temps; il ne se fait à son profit aucune mutation; il ne jouit qu'en vertu de l'extinction naturelle et prévue d'une charge momentanée, et alors l'exemption du droit sur la propriété peut tenir lieu de paiement effectif.

» Mais lorsque la réunion a lieu, par actes entre vifs et à titre onéreux, le propriétaire n'acquiert réellement que l'expectative, il y a en sa faveur une transmission effective, et dès qu'il n'a pas payé le droit sur la valeur entière du bien, il est tenu, comme le serait un tiers, d'acquitter le droit proportionnel d'enregistrement. »

Par le mot acquisition, on doit entendre non seulement les immeubles provenant d'une vente, mais encore ceux qui entrent dans le patrimoine, par succession, donation ou legs.

L'instruction générale du 30 septembre 1826, n° 1200, donne sur les valeurs respectives de la nue propriété, des enseignements qu'il importe de bien comprendre.

« L'article 15, n° 8, de la loi du 22 frimaire an VII, après avoir établi que le droit proportionnel des transmissions qui ne comportent pas de prix, doit être liquidé sur un capital formé de dix fois le revenu des biens, ajoute la disposition suivante :

» Lorsque l'usufruitier, qui aura acquitté le droit d'enregistrement pour son usufruit, acquerra la nue propriété, il paiera le droit d'enregistrement sur sa valeur, sans qu'il y ait lieu d'y joindre celle de l'usufruit.

» On avait douté si l'expression, qui indique dans cette disposition la manière dont s'opère la réunion de la nue propriété à l'usufruit, ne devait pas en restreindre l'application au cas où il y aurait acquisition à titre onéreux de la nue propriété.

» Ce doute cesse, si l'on consulte l'article 711 du Code civil, qui emploie la même expression pour les acquisitions à titre gratuit, et qui fait connaître que la propriété des biens s'acquiert par succession, par testament ou par donation entre vifs. On doit donc admettre que la disposition ci-dessus s'applique à tous les cas où il y a réunion de la nue propriété à l'usufruit, de quelque manière que s'opère cette réunion.

» Mais la loi veut que la perception n'atteigne que la valeur de la nue propriété lorsque l'usufruitier, qui la réunit dans ses mains, a déjà acquitté les droits sur l'usufruit. Cette valeur n'est connue qu'autant que la réunion s'opère par une vente avec un prix distinct pour la nue propriété.

» Lorsque la réunion résulte d'une licitation, d'une succession, d'un legs, d'une donation, il faut apprécier la valeur..... Deux solutions du 19 avril 1826 décident que la valeur de l'usufruit étant de 1/2, la valeur de la nue propriété devait être également de 1/2. »

La valeur de la nue propriété est égale à . . . . . . » 1/2

Instruction du 20 mars 1827, n° 1205, § 14.

« La loi du 22 frimaire an VII, article 15, n° 6, contient la disposition suivante :

» Si l'usufruit est réservé par le vendeur, il sera évalué à tout ce qui forme le prix du contrat, et le droit sera perçu sur le total; mais il ne sera dû aucun autre droit pour la réunion de l'usufruit à la propriété.

» On avait considéré jusqu'ici cette disposition comme applicable à un contrat portant vente du même immeuble à deux personnes : à l'une pour l'usufruit, à l'autre pour la nue propriété.

La valeur de l'usufruit à. . . . » 1/2

La valeur totale de la nue propriété et de l'usufruit, vendus à deux personnes différentes, est égale à . . . . . . 1 »

Et au moment où la réunion s'effectue, à . . . . . . » 1/2

» Indépendamment des droits sur l'usufruit transmis immédiatement à l'un des acquéreurs, on percevait un second droit d'après l'évaluation prescrite par la disposition ci-dessus, sur ce même usufruit, réservé relativement à l'acquéreur de la nue propriété, mais dont l'expectative lui était dès lors transmise.

» La perception faite d'avance sur l'usufruit, dont la réunion doit s'opérer ultérieurement, n'est plus autorisée d'après la jurisprudence actuelle, lorsque le même contrat donne lieu de soumettre aux droits l'usufruit transmis immédiatement à un autre individu.

» Il résulte d'un arrêt du 8 janvier 1822, qu'en pareil cas, le droit perçu sur la totalité ou sur la réunion des prix exprimés, atteint la mutation de l'usufruit comme celle de la nue propriété, et qu'il n'y a pas lieu d'exiger un second droit pour la réunion future de cet usufruit dans les mains du nu propriétaire. »

Arrêt du 20 mars 1826.

« Attendu que, suivant l'article 15, n° 6, premier alinéa, du 22 frimaire an VII, la valeur des immeubles transmis en propriété ou en usufruit est déterminée par le prix exprimé au contrat, en y ajoutant toutes les charges en capital;

La valeur de la nue propriété et celle de l'usufruit vendus, par le même acte à deux personnes, est égale à . . . . . . 1 »

» Attendu que, dans ces expressions, toutes les charges, la loi n'a pas eu en vue la réserve de l'usufruit, laquelle est bien moins une charge de la vente qu'un démembrement de la propriété vendue ;

» Que la loi a prévu le cas où il y a réserve d'usufruit par le vendeur.

» Mais qu'on ne peut appliquer cette disposition au cas où, au lieu de la réserve d'usufruit par le vendeur, il y a de la part de celui-ci vente du tout par un seul et même contrat. Savoir : de la nue propriété à un acquéreur, moyennant un prix déterminé, et de l'usufruit à un autre, moyennant un autre prix déterminé : 1° parce qu'il est de principe qu'en matière d'impôt, on ne peut pas étendre d'un cas à l'autre, par voie d'induction ou même d'analogie, la disposition de la loi;

L'existence d'un usufruit pèse sur la nue propriété d'un poids égal à la moitié de la valeur de la toute propriété; on pourrait en conclure que de toutes les charges, c'est la principale. La Cour, en déclarant que c'était un démembrement, a tourné la difficulté plutôt qu'elle ne l'a résolue.

On peut voir dans ces considérants le germe des motifs qui amèneront, plus tard, l'abandon de la réserve faite par l'administration.

La loi n'a pas créé de valeur fictive lorsque le démembrement a lieu au moyen d'un contrat à titre onéreux.

» 2° Parce qu'il y a pour la détermination de la valeur et l'application du droit d'enregistrement à cette valeur, une différence essentielle entre le cas où la réserve de l'usufruit est faite par le vendeur, et celui où le vendeur transmet tout à la fois la nue propriété à un acquéreur et l'usufruit à un autre ; puisqu'au premier cas, le prix exprimé au contrat n'est pas censé représenter la valeur intégrale de l'immeuble vendu, et que pour obtenir cette valeur intégrale, il faut y ajouter celle de l'usufruit, dont l'expectative est aussi transmise à l'acquéreur avec la nue propriété ; expectative que la loi évalue à la moitié du prix stipulé par le vendeur ; tandis qu'au second cas le prix exprimé au contrat, et qui se compose du prix stipulé pour la nue propriété et de celui stipulé pour l'usufruit, représente bien la valeur entière de l'immeuble vendu ; par où, le vœu de la loi qui asseoit le droit proportionnel sur cette valeur, se trouve complètement rempli. »

Réserves de l'Administration.

Création d'un registre spécial pour la surveillance des réunions éventuelles des usufruits à la nue propriété.

L'acquéreur de la nue propriété payant sur . . . . . » 1/2 devra acquitter à l'époque où la reunion de l'usufruit aura lieu sur . . . . . » 1/2

« Par suite de cette jurisprudence, la disposition de l'article 15 de la loi, qui veut qu'on ajoute au prix de la nue propriété vendue, la valeur de l'usufruit réservé, lorsque le prix ou les intérêts du prix de la nue propriété sont ou doivent être payés au vendeur, avant que l'usufruit ait pris fin, ne devra plus être appliquée dans le cas où cet usufruit aura été vendu par le même acte à une autre personne. Mais par cela même que cette addition n'aura pas eu lieu, l'exemption établie conditionnellement et par le n° 42, § 1er, de l'article 68, pour la réunion de l'usufruit, ne sera point applicable, dès que l'acquéreur n'aura pas acquitté le droit sur la valeur entière lors de son acquisition. Cet acquéreur devra payer, lorsqu'il réunira l'usufruit, le droit proportionnel, dont il ne se sera pas libéré d'avance sur la valeur de l'usufruit ;

» Pour assurer la rentrée de ce droit proportionnel lors de l'événement, les préposés feront mention au sommier des actes de l'espèce qu'ils auront enregistrés. »

La valeur de la nue propriété est égale au prix stipulé sans addition de la valeur de l'usufruit.

Vente de la nue propriété d'un immeuble, dont un tiers est usufruitier. Instruction du 30 juin 1827, n° 1210.

« Des dispositions textuelles et du rapprochement de l'article 4, de l'article 15, nos 6, 7 et 8, des articles 31 et 32, et du n° 42, § 1er, de l'article 68 de la loi du 22 frimaire an VII, on avait conclu jusqu'ici, et la jurisprudence paraissait confirmer cette opinion, que le droit proportionnel d'enregistrement est dû sur toute transmission d'immeubles en propriété ou en usufruit, à titre gratuit ou onéreux ; que malgré la perception du droit sur l'usufruit séparé de la propriété, la transmission de la nue propriété est soumise à la perception sur la valeur entière, perception qui a lieu d'avance, quant à l'usufruit dont la réunion ultérieure ne donne plus ouverture qu'au droit fixe ; qu'enfin c'est le nouveau possesseur, soit acquéreur, soit héritier, soit légataire, qui acquitte le droit proportionnel, en sorte *que c'est relativement à lui que l'on considère la mutation.*

Cet argument, qui paraît décisif, n'a jamais été réfuté.

» A ces règles, qui régissaient uniformément la perception sur les mutations de toute nature, dans lesquelles la nue propriété se trouvait en d'autres mains que l'usufruit, *une première atteinte* a été portée par les arrêts transcrits au § 14 de l'instruction n° 1205, quant aux actes contenant à la fois transmission de la nue propriété et de l'usufruit à deux personnes distinctes.

» D'après un arrêt du 3 janvier 1827, la perception d'avance du droit proportionnel sur la valeur de l'usufruit cesse également d'être autorisée par la Cour de Cassation, sur une vente de nue propriété, lorsque l'usufruit n'est point réservé expressément par le vendeur et qu'il n'aliène que la nue propriété d'un bien dont l'usufruit appartient à un tiers.

Considérants de l'arrêt.

» Attendu que l'exception portée par l'article 15, n° 6, est, sous un double rapport, inapplicable à l'espèce : 1° parce qu'en matière fiscale il n'est pas permis de raisonner d'un cas à un autre ; 2° parce qu'il n'y a aucune analogie entre le cas prévu et celui de la cause. Dans le cas prévu par l'article, c'est la même personne qui, possesseur de la propriété pleine et entière, vend la propriété et s'en réserve l'usufruit ; tandis que, dans l'espèce, c'est la propriété nue qui est aliénée, parce que le vendeur n'avait que cette nue propriété.

La valeur de l'usufruit n'est pas une charge, dans le sens de la loi fiscale.

» Attendu que l'usufruit séparé de la propriété ne pouvait, sous aucun rapport, former une des charges spécifiées dans ledit article 15, § 6. »

Cet arrêt, rendu au profit d'un tiers acquéreur, dans une espèce où le démembrement de la propriété avait eu lieu au moyen d'une vente, devait amener la Cour à décider plus tard que la déduction de la valeur de l'usufruit devait être faite lorsque le démembrement de la propriété avait eu lieu, par décès ou par acte entre vifs à titre gratuit.

L'administration a bien mesuré les conséquences de cet arrêt ; aussi prescrit-elle, à la fin de l'Instruction, de percevoir sur la valeur entière comprenant l'usufruit : 1° sur une vente de la nue propriété lorsque l'usufruit y sera réservé par le vendeur ; 2° sur une transmission par décès de la nue propriété, lors même que l'usufruit aurait été transmis à une autre personne qui acquitte les droits pour ce qui la concerne.

On peut envisager maintenant le chemin parcouru.

État de la question en 1827. Première étape parcourue.

L'acquéreur de la nue propriété, lorsqu'il ne traite pas avec le premier vendeur, n'a plus à payer que sur le prix exprimé, représentant la valeur de cette nue propriété. Plus tard, et lorsque l'événement se produira, il acquittera les droits sur la valeur de l'usufruit recueilli.

Cette théorie cependant n'est pas acceptée sans lutte, mais la Cour, par un arrêt du 25 novembre 1829, décide que les articles 4 et 15 établissant le principe général de l'assujettissement à un droit proportionnel de toute transmission de propriété et d'usufruit, il en résulte que la transmission d'usufruit qui s'opère au profit d'un nu propriétaire par la consolidation de l'usufruit à la nue propriété est passible de ce droit.

Mais comment sera déterminée la valeur de l'usufruit à l'événement, lorsqu'une vente a été faite originairement à deux personnes qui acquièrent, l'une la nue propriété, l'autre l'usufruit ?

1° L'usufruit doit être évalué à la moitié de la propriété ; c'est donc sur moitié que le droit est exigible;

2° L'usufruit est égal au tiers, comme si, lors du démembrement, l'usufruit avait été réservé par le vendeur ;

3° La valeur de l'usufruit doit être calculée sur l'intérêt du prix multiplié par 10.

Telles sont les trois manières dont la question avait été résolue. L'administration s'est prononcée pour la dernière. Elle a de plus décidé que les droits ne devaient pas être liquidés au taux réglé par les successions et les donations entre vifs, mais comme complément de la perception sur l'acte de vente de la nue propriété.

Toutefois, les difficultés sont loin d'être toutes réglées. La question entre dans une nouvelle phase et le système des déductions de la valeur de l'usufruit au profit du tiers acquéreur ou ayant cause est à la veille de se produire.

Arrêt du 29 mai 1832.

Le tiers acquéreur d'une nue propriété ne doit aucun droit à l'époque où l'usufruit se réunit à la nue propriété par le décès de l'usufruitier.

Les faits qui ont donné lieu à l'arrêt du 29 mai 1832 se trouvent exposés en entier dans le *Journal de l'Enregistrement* du 1er août 1832, n° 10358. C'est maintenant l'acquéreur d'une nue propriété qui demande l'application à son profit de l'exemption créée par l'article 15, § 7 ; *in fine*, le démembrement de la propriété a eu lieu au moyen d'un acte de donation entre vifs.

Au décès de l'usufruitier on réclame au sieur M..., qui n'a acquitté les droits que sur la valeur de la nue propriété, un supplément pour la valeur de l'usufruit. Refus du sieur M...; il soutient que la réunion de l'usufruit à la nue propriété ne donne ouverture à aucun droit ; que le droit proportionnel ayant été perçu lors de la donation du 4 février 1813, sur la valeur entière des immeubles, le droit avait été payé à l'avance ; que la régie n'aurait pu exiger un nouveau droit au décès de la dame F..., soit du sieur H..., s'il eût encore existé, soit même de ses héritiers, et que par conséquent elle n'en pouvait demander davantage au sieur M..., qui était aujourd'hui l'ayant cause du sieur H... et de sa succession.

Le Tribunal civil d'Amiens, par son jugement du 12 février 1829, adopte ces moyens.

La première proposition est conforme à la jurisprudence de l'époque ; la seconde aurait besoin d'être démontrée, puisque c'est le point en question.

« Attendu que, s'il est hors de doute que M..., adjudicataire de la nue propriété des biens vendus le 29 août 1826 par la succession H..., n'a dû payer alors le droit d'enregistrement que sur cette nue propriété, il ne l'est pas moins qu'il ne peut être soumis à la perception d'aucun droit à cause de l'extinction de l'usufruit ou de sa réunion à l'objet vendu;

» Qu'en effet il est constant qu'à l'époque de la donation et malgré la réserve de l'usufruit faite par la donataire, le droit de mutation a été perçu sur la valeur entière des immeubles, et que, dans ce cas, l'article 15, n° 7, dispose qu'il n'est rien dû pour la réunion de l'usufruit à la propriété;

» Qu'à la vérité ce paiement a été fait par le sieur H..., mais que cette considération qui a pu déterminer M. M... à acheter plus cher, ne saurait autoriser la Direction générale de l'Enregistrement à exiger de lui un nouveau droit sur la valeur de l'usufruit, parce que son extinction s'est opérée à son profit;

» Que M. M..., devenu par son acquisition l'ayant cause des héritiers H..., a succédé à tous les droits et exceptions qui appartenaient à ceux-ci;

L'acquéreur succède si l'on veut au vendeur, mais en payant un droit de mutation, il y a là une grosse difficulté franchie sans démonstration.

» Qu'il est certain et reconnu par la Direction générale elle-même, que si la succession H... avait réuni l'usufruit à la nue propriété, cet événement ne l'aurait pas soumise à un nouveau droit.

» Que M... en doit donc être également affranchi.

» Qu'autrement il serait vrai de dire que deux droits seraient perçus relativement à une seule mutation. »

Non pas deux droits, mais un seul droit payé en deux fois, à des époques différentes.

Pourvoi. — Arrêt du 29 mai 1832.

« Attendu qu'aux termes de l'article 15, § 6 de la loi du 22 frimaire an VII, si l'usufruit est réservé par le vendeur, il sera évalué à la moitié de tout ce qui forme le prix du contrat et le droit sera perçu sur le total. Mais il ne sera dû aucun autre droit pour la réunion de l'usufruit à la nue propriété;

» Que le n° 7 porte : .... Il ne sera rien dû pour la réunion de l'usufruit à la propriété lorsque le droit d'enregistrement aura été acquitté sur la valeur entière de la propriété;

Assimilation du donateur au vendeur.

» Que de ces deux dispositions combinées ensemble et avec l'article 4 de la loi du 22 frimaire an VII, il résulte que lorsque l'application de l'article 15 a été faite lors du paiement des droits d'une transmission avec réserve d'usufruit et que le droit a été payé par anticipation, il n'est dû aucun droit nouveau pour la réunion de l'usufruit à la propriété;

Généralisation complète des conséquences du premier démembrement.

L'exemption du paiement des droits est absolue, tant que la propriété redevenue entière, ne peut pas se prêter à un nouveau fractionnement.

» Attendu que, dans l'espèce, le droit pour la mutation de l'usufruit réservé par la donation du 4 février 1813, a été acquitté lors de l'enregistrement de cet acte;

» Que depuis, il ne s'est opéré soit par le décès d'un donateur, soit par la cession de la nue propriété, aucune mutation de l'usufruit; que la première mutation opérée par le décès de la donatrice en 1828, quoiqu'elle ait lieu au profit d'un adjudicataire de la nue propriété, n'a pu donner ouverture à aucun droit de mutation, puisque cette mutation première avait été affranchie par le paiement fait à l'époque de la donation, et qu'en le jugeant ainsi, le tribunal a fait une juste application des articles cités. »

La Cour ne s'arrête pas à la différence du titre, chez l'héritier et chez le tiers acquéreur. C'est l'immeuble lui-même qui est affranchi du droit.

Commentaire des rédacteurs du *Journal de l'Enregistrement*.

« Il est possible que le législateur ne se soit pas suffisamment expliqué; mais d'après le système de la loi du 22 frimaire an VII, tout nouveau possesseur est tenu de payer le droit de mutation sûr la valeur entière de l'immeuble. Dans l'espèce, le donataire avait dû acquitter le droit de mutation sur vingt fois le revenu. L'acquéreur de la nue propriété aurait dû payer le droit de vente sur une fois et demie le prix de son acquisition. La loi a été comprise et exécutée dans ce sens, pendant environ vingt-cinq ans. La Cour a changé de jurisprudence et décidé que l'acquéreur ne devait acquitter le droit sur une fois et demie le prix, que dans le cas où l'usufruit était réservé par le vendeur lui-même ; mais que dans l'autre cas, l'acquéreur devait seulement un supplément de droit lors de la réunion de l'usufruit à la nue propriété. Quelle que soit l'opinion que l'on puisse émettre sur cette dernière jurisprudence, il semble que la Cour devait l'appliquer au sieur M..., car il n'a pas payé le droit d'enregistrement sur la valeur entière de l'immeuble qu'il a acquis. »

Jugement du Tribunal de Mamers, du 17 août 1832.

L'acquéreur de la nue propriété n'a pas à acquitter un droit supplémentaire lors de la réunion de l'usufruit par le décès de l'usufruitier.

« En droit, attendu qu'il demeure évident, d'après les dispositions générales de l'article 4 de la loi du 22 frimaire an VII, qu'il n'est dû pour la vente soit de la propriété, soit de l'usufruit, qu'un droit proportionnel à chacune de ces ventes.

» Attendu que l'exception à cette règle générale portée dans l'article 15, n° 6, n'est point applicable à l'espèce ; qu'en effet, il n'y a nulle analogie entre le cas prévu par cet article et celui de la cause; que dans le cas de cet article, il s'agit du propriétaire vendeur de son bien avec la réserve de l'usufruit, tandis que dans l'espèce c'est la nue propriété seule qui est aliénée et la seule qui pût l'être;

Le droit a-t-il été assis sur les valeurs ? C'est ce qu'il fallait démontrer. Dans tous les cas, il est contradictoire, qu'une loi dont le but évident était de soustraire le droit de mutation à des éventualités possibles, ait abouti en définitive à l'exonération complète d'une partie de ce droit.

» Que les dispositions de l'article 4 étant générales ne permettent pas de raisonner d'un cas à un autre, et spécialement de décider par analogie : d'où il résulte que celles de l'article 15, n° 6, doivent être écartées et que c'est à bon droit que X... a formé son opposition. »

Pourvoi :

Arrêt du 12 août 1834.

« Attendu que par l'acte du 20 avril 1827, C... n'a transmis à P... que la nue propriété de la métairie, dont la veuve P... avait l'usufruit;

» Que les droits de transmission de ces deux choses avaient été acquittés;

» Que la réunion de la jouissance à la nue propriété par le décès de la veuve usufruitière, n'a fait autre chose que réaliser l'expectative attachée à cette nue propriété, d'être dégrevée d'une charge temporaire;

Les charges, même temporaires, doivent être ajoutées au prix.

» Que cette expectative, inséparable de la nue propriété, et qui se trouvait comprise dans la vente, s'est réalisée lors du décès de la veuve, sans aucune transmission à P..., dont, par cet événement naturel, la propriété s'est trouvée libre. »

La Cour, dans son arrêt du 3 janvier 1827, déclare que l'existence d'un usufruit ne peut être considérée comme une charge.

Lorsque, dans une vente, l'acquéreur paie son prix comptant et n'entre en jouissance qu'après un délai qui excède le terme courant, la perte d'intérêts qui résulte de cette privation de jouissance, forme une charge qui est ajoutée au prix.

Il est évident, disent les rédacteurs du *Journal de l'Enregistrement* en rapportant cet arrêt, que l'impôt n'est plus réparti également entre les acquéreurs de la nue propriété, et qu'une disposition législative sera nécessaire pour rétablir l'égalité et prévenir de nouvelles variations dans la jurisprudence.

Dans son instruction du 25 octobre 1834, l'administration résume la doctrine des arrêts des 29 mai 1832, 27 mai et 12 août 1834 et pose les règles suivantes : « Toutes les fois que l'aliénation distincte de la nue propriété et de l'usufruit se sera originairement opérée soit à titre gratuit, soit entre vifs ou par décès, soit par une vente sous réserve d'usufruit au profit du vendeur, on ne pourra exiger aucun droit proportionnel pour la réunion ultérieure de l'usufruit à la nue propriété, soit au profit du légataire, donataire ou héritier, soit au profit d'un tiers acquéreur de la nue propriété.

Dernière réserve formulée par l'administration.

» Mais lorsque le démembrement de la nue propriété et de l'usufruit prendra sa source dans la vente faite de l'un et de l'autre à des personnes distinctes, on continuera à exiger de l'acquéreur de la nue propriété ou de ses ayants cause, un droit supplémentaire lors de la réunion de l'usufruit par le décès de l'usufruitier, conformément à un arrêt du 25 novembre 1829. »

Arrêt du 11 août 1835.

L'acquéreur de la nue propriété n'a aucun droit complémentaire à acquitter lorsque l'usufruitier renonce à son usufruit.

Comment une transmission peut-elle prendre fin sans opérer elle-même une nouvelle transmission ? C'est ce que l'arrêt n'explique pas.

« Attendu qu'il est reconnu que tous les droits d'enregistrement ont été payés, lors du contrat du 17 mai 1829, soit à raison de la nue propriété vendue au sieur C..., soit à raison de l'usufruit vendu à la dame B...

» Attendu que l'article 4 de la loi du 22 frimaire an VII, ne donne ouverture au droit que dans le cas de transmission de propriété, d'usufruit ou de jouissance ; que lorsqu'une transmission de propriété ou d'usufruit prend fin de manière à ne pas opérer elle-même une nouvelle transmission.

Il n'y a pas de nouveau droit proportionnel à payer lorsque la totalité des droits a été payée, comme dans l'espèce, lors de la constitution des droits relatifs à la nue propriété, ainsi que ceux relatifs à l'usufruit.

La première vente produit au regard de C... deux transmissions : la 1re actuelle, celle de la nue propriété ; la 2e soumise à une condition suspensive, la consolidation de l'usufruit. Un principe indiscuté veut que les droits dépendant d'une condition suspensive deviennent exigibles lorsque l'événement prévu s'est réalisé.

Attendu, enfin, que l'acte par lequel la dame B... a renoncé purement et simplement à titre gratuit à l'usufruit qui lui avait été acquis à titre onéreux, n'a pas pareillement opéré dans ces circonstances, au profit de C..., la transmission d'usufruit aux termes de la loi ; que l'unique effet de cette renonciation a été de faire cesser la transmission opérée en faveur de la dame B..., qui avait payé tous les droits qui étaient à sa charge. »

L'administration, pour soutenir l'exigibilité du droit, avait présenté les observations suivantes :

« Après avoir déclaré que le droit proportionnel est assis sur les valeurs, la loi précise la manière dont la valeur sera déterminée en fait de mutation de biens immeubles à titre onéreux pour la liquidation et le paiement de ce droit ; elle pose une règle fixe et générale...

» S'il s'agit de la vente d'une nue propriété, c'est sur le prix exprimé, plus moitié de ce prix, que la liquidation et le paiement du droit doivent être faits. Cette règle de perception a été suivie jusqu'en 1822. A cette époque, il a été jugé par la Cour de Cassation qu'elle était inapplicable, lorsque, par le même acte, la nue propriété et l'usufruit sont vendus séparément à deux personnes différentes; et la jurisprudence ultérieure a amené de nouvelles modifications, d'après lesquelles on ne peut aujourd'hui ajouter au prix exprimé de la vente d'une nue propriété, moitié en sus de ce prix, et liquider le droit d'enregistrement sur le total, que dans un seul cas, celui où le vendeur retient l'usufruit pour lui-même. »

Cependant de puissants motifs appuyaient l'ancienne jurisprudence. Ainsi que le disait M. l'avocat général Daniels à la Cour de Cassation, le 10 juillet 1810, « il est aisé de voir qu'il n'entrait pas dans le plan du législateur de s'occuper de tous les détails pour fixer les droits d'enregistrement qui seraient dus lorsque la vente n'a pour objet que la nue propriété d'un immeuble ; il a tranché la difficulté en ordonnant que, dans tous les cas, l'usufruit serait évalué indistinctement à la moitié de tout ce qui forme le prix du contrat; de sorte que, si la nue propriété a été vendue moyennant 20,000 francs, l'acquéreur est tenu de payer le droit d'enregistrement à raison de 30,000 francs. »

La distraction de l'usufruit, qui est censé faire partie de la propriété, n'est pas réputée une simple charge dans les transmissions à titre onéreux; et, aux termes du § 6 de l'art. 15, l'acquéreur de la nue propriété n'est tenu de payer qu'à raison de la somme qui forme le prix de son contrat et de moitié en sus. La loi veut donc bien que l'acquéreur paie également à raison de l'usufruit qu'il n'obtient pas encore; et, sous ce rapport, elle regarde la réserve de l'usufruit comme une charge.

L'usufruit, en 1810, était considéré comme une charge au regard de la nue propriété.

Ces principes furent adoptés par l'arrêt du 10 juillet 1810, qui déclare que la disposition de la loi présente une composition à forfait, dont le double objet a été de faire payer actuellement un droit sur une chose qui n'était pas acquise et de prévenir des discussions sur l'estimation de la valeur variable des usufruits.

Il était donc bien certain alors que, dans tous les cas où la vente d'un immeuble avait pour seul objet la nue propriété, le droit proportionnel devait être liquidé et payé actuellement sur un total formé du prix exprimé et de moitié en sus.

« La loi, disait M. Daniels, est claire et précise sur ce point ; il est impossible d'en méconnaître le sens littéral, l'esprit et le motif. »

Et en effet, le sens littéral de cette expression, si l'usufruit est réservé par le vendeur, indique clairement que cette même expression embrasse tous les cas de vente de la nue propriété seule.

Si la loi avait employé le mot *pour* au lieu du mot *par*, on dirait avec raison que le droit de la vente d'une nue propriété n'est dû que sur le prix exprimé, et moitié en sus, qu'autant que l'usufruit tourne à l'avantage du vendeur.

Mais alors la loi, qui, comme toute loi d'impôt, est basée sur un principe d'égalité, aurait cessé d'être égale pour tous; son esprit aurait été dénaturé, son motif serait devenu impraticable.

Elle aurait cessé d'être égale pour tous, car l'acquéreur d'un immeuble dont le vendeur aurait réservé l'usufruit *pour lui-même*, se serait trouvé seul obligé de payer le droit de mutation sur le prix exprimé, considéré comme valeur de la nue propriété, plus sur une moitié de ce prix considéré comme valeur de l'usufruit réservé.

Son esprit aurait été dénaturé : car, dans tous les cas autres que celui de réserve de l'usufruit pour le vendeur lui-même, le droit de mutation n'aurait été exigible que sur le prix exprimé; tandis que, d'après le principe général posé par l'article 4, ce droit est assis sur les valeurs et que, dans l'espèce, les valeurs, telles que l'article 15 les détermine aussi en principe général, et non par exception pour la liquidation et le paiement de ce droit; sont : 1° le prix exprimé pour la nue propriété; 2° moitié de ce prix en sus, afin de représenter la valeur entière de la propriété.

Son motif serait devenu impraticable : car, si l'on conçoit bien pourquoi elle a voulu, pour tous les cas, par un principe d'égalité parfaite et de justice exacte, que le droit fût perçu actuellement sur la valeur de la nue propriété représentée par le prix exprimé au contrat et sur moitié en sus de ce prix, on ne concevrait pas pourquoi elle aurait voulu que le droit fût liquidé et payé de la sorte dans le seul cas de rétention de l'usufruit par le vendeur pour lui-même.

On ne s'expliquerait pas son motif dans cette dernière hypothèse, parce que, d'une part, que le vendeur réserve l'usufruit pour lui, ou que cet usufruit appartienne à un tiers, le résultat est le même pour l'acquéreur de la nue propriété, il n'acquiert dans l'un et l'autre cas que cette nue propriété; et que, d'autre part, dans l'un et l'autre cas, il obtient la propriété à la fin de l'usufruit, quel qu'ait été le possesseur de l'usufruit, soit avant, soit depuis la vente de la nue propriété.

Le cas de la vente de la nue propriété par deux actes séparés, à deux personnes différentes, ne diffère nullement des cas où la vente de la nue propriété à l'un et de l'usufruit à l'autre a lieu par le même acte, puisque, dans les deux cas, il y a deux mutations dont chacune est sujette à un droit particulier que supporte chaque nouveau possesseur; « il s'ensuit nécessairement que, dans les deux cas, le nouveau possesseur de la nue propriété doit acquitter le droit sur le prix exprimé dans son contrat, et moitié en sus, cette moitié représentant dans les deux cas la valeur actuelle, déterminée par l'article 15, non par exception mais, en thèse générale, de l'usufruit éventuel dont il acquiert l'expectative. »

Au point de vue logique, ce raisonnement est inattaquable ; mais, par le fait du manque de précision de la loi, il conduit à une conclusion dépassant de beaucoup les prémisses, la valeur de l'usufruit tendant toujours à se rapprocher de 0, tandis que la valeur de la nue propriété se rapproche de plus en plus de l'unité. L'exception à l'article 4, créée par l'article 15, produit une situation antinomique et pose un problème insoluble.

En transmettant l'arrêt qui précède, l'administration, dans son instruction du 10 février 1836, nº 1504, appelle l'attention des agents sur ce fait que la Cour avait supposé que l'acquéreur de la nue propriété avait payé le droit sur la valeur entière des biens, tandis qu'il ne l'avait payé que sur la valeur de la nue propriété et l'usufruitier sur la valeur de l'usufruit, l'une et l'autre réunies en un seul prix ; d'où la conséquence, par un argument *a contrario*, que le droit continue à être exigible lorsqu'il s'agit d'un tiers acquéreur de la nue propriété.

Délibération du 8 avril 1836.

L'acte du 1er novembre 1835, qui contient la cession de l'usufruit aux nus propriétaires qui ont payé le droit de mutation sur la valeur entière, n'est passible que du droit fixe de 3 francs, indépendamment du droit de transcription. En effet, d'après le texte du nº 7 de l'article 15, le droit de transmission ayant été acquitté sur la valeur entière de la propriété, il n'est rien dû pour la réunion de l'usufruit à la nue propriété.

Instruction du 31 décembre 1839, nº 1601-19.

Cette réserve subsiste toujours lorsque l'attribution de l'intérêt pour tenir lieu de l'usufruit résulte du contrat de vente lui-même. Si, au contraire, l'attribution de l'usufruit résulte d'un contrat postérieur, le fait ne peut être opposé à l'acquéreur qui doit profiter du droit payé par anticipation.

Lorsque l'usufruit est reporté sur le prix de la vente, ce prix représente la valeur de la nue propriété aliénée, et le droit doit être perçu sans déduction de la valeur de l'usufruit, qui, dès lors, est représenté par les intérêts de la somme payée par l'acquéreur.

« Attendu que la vente est faite en considération de la valeur des pleine propriété et jouissance de la maison vendue ; que le prix des pleine propriété et jouissance est fixé à la somme de 200,000 francs, dont la totalité est versée entre les mains du sieur L..., vendeur ;

» Qu'ainsi le jugement attaqué a pu et a dû déclarer que cette somme de 200,000 francs était bien le prix véritable de cette vente ; que, d'ailleurs, si le vendeur se soumet à payer l'intérêt de ladite somme, jusqu'à ce que l'usufruit de la maison vendue vienne se joindre à la nue propriété, cette stipulation relative à l'époque où l'acquéreur entrera en pleine jouissance et au paiement anticipé de ce prix réalisé d'avance par B... entre les mains de L..., est étrangère à la fixation de ce prix. »

Jugement du Tribunal de la Seine, du 21 avril 1841.

Le fait constant qui se dégage des arrêts et jugements est que la première mutation, après un démembrement de la propriété, exonère toujours la seconde et les subséquentes d'une quotité d'impôt proportionnelle à la valeur de l'usufruit.

« Attendu que l'acquisition de la nue propriété comprenait implicitement le droit à la jouissance au moment où elle s'ouvrirait, par suite de l'extinction de cet usufruit. Que cette réunion de l'usufruit à la nue propriété n'a donc fait que dégrever celle-ci de la charge temporaire qui pesait sur elle, sans opérer de transmission nouvelle. »

Jugement du Tribunal de Lure, du 12 juin 1844.

L'ayant cause ne peut être assimilé au représentant de l'héritier ou du donataire de la nue propriété.

« Attendu qu'il ne s'agit pas de savoir si la réunion de l'usufruit à la nue propriété, au profit du donataire ou de ses héritiers, donne lieu à la perception d'un droit proportionnel, lorsque le droit aura été acquitté sur la valeur entière de la propriété, puisque ce n'est pas à D... fils que D... père a fait cession de l'usufruit qu'il s'était réservé, mais bien à X..., étranger à l'acte de donation, et qui n'est devenu propriétaire que par l'adjudication du 11 mars 1840. »

Les conséquences de la doctrine de la Cour commencent à apparaître, et les tiers acquéreurs de la nue propriété demandent à bénéficier du droit perçu par anticipation.

Un jugement du Tribunal de Tours, du 24 janvier 1845, repousse également l'assimilation par des considérants bien motivés.

« Que cette transmission d'usufruit s'est opérée à son profit à titre onéreux et entre vifs, et qu'il ne peut dès lors, pour se soustraire à la perception d'un droit proportionnel, se retrancher derrière les dispositions de l'article 15, nos 6 et 7, deuxième alinéa, sous le prétexte que ce droit avait déjà été payé par les donataires de la nue propriété, dont il se dit l'ayant cause;

» Considérant, en effet, que les enfants, n'ayant aucun droit acquis à cet usufruit lorsqu'ils ont vendu leur nue propriété à T..., n'ont réellement transmis à ce dernier que cette nue propriété, d'où il suit qu'il n'est en rien libéré envers la régie. »

Arrêt du 27 août 1844.

« Attendu qu'aux termes de l'article 4 de la loi du 22 frimaire an VII, un droit proportionnel est dû pour toute transmission de jouissance de biens immeubles entre vifs;

Lorsque la réunion de l'usufruit à la nue propriété s'opère moyennant un prix payé par le tiers acquéreur de la nue propriété au tiers acquéreur de l'usufruit, le droit proportionnel est exigible.

» Attendu que, par acte authentique du 15 avril 1830, B... a vendu à C... la nue propriété, et à la dame R... l'usufruit de deux maisons pour des prix séparés, lesquels ont servi de base à la perception du droit proportionnel d'enregistrement effectuée sur chacun des acquéreurs, en raison de la nature de la transmission qui leur était respectivement faite;

» Que, par un autre acte sous-seing privé, C... s'est engagé, pour tenir lieu à la dame R... de son usufruit, à lui servir une pension viagère de 2,000 francs;

» Attendu que ce second acte opérait nécessairement en faveur de C... une transmission à titre onéreux et entre vifs de l'usufruit des deux maisons, dont il n'avait d'abord que la nue propriété;

» ...Attendu que la réunion de l'usufruit de la dame R... à la nue propriété appartenant à C..., n'étant pas le résultat de la simple cessation ou de l'extinction de cet usufruit, mais celui d'une vente ou d'une cession pour un prix stipulé, on ne pourrait prétendre, en cet état des faits, que la transmission qui s'opérait par acte sous-seing privé au profit de C..., était affranchie du droit proportionnel d'enregistrement, sous le prétexte que la cédante avait déjà payé ce droit à l'époque où elle avait acquis l'usufruit des mains de B..., par l'acte du 15 avril 1830. »

Jugement du Tribunal de la Seine, du 5 mai 1846.

Lorsque l'usufruitier cède son usufruit moyennant un prix, au tiers acquéreur de la nue propriété, le droit proportionnel est exigible sur ce prix.

« Attendu qu'aux termes de l'article 4, toute transmission de propriété d'usufruit et de jouissance est soumise au droit proportionnel, et attendu que B..., acquéreur de la nue propriété des immeubles dont il s'agit, par jugement du 3 septembre 1843, moyennant 245,000 francs, s'est rendu adjudicataire de ce qui seulement pouvait alors être mis en vente, c'est-à-dire d'une propriété soumise à l'usufruit du sieur C... Attendu que dans cette position le droit proportionnel n'a été perçu que sur le prix, lequel eût été évidemment tout autre si l'adjudicataire, au lieu d'une jouissance ajournée à une époque encore bien éloignée, eût acquis au moment même la pleine propriété;

» Attendu que, par acte du 13 novembre 1843, B... a acquis du sieur C... l'usufruit qui reposait alors sur la tête de ce dernier comme légataire universel de sa femme;

La Cour de Cassation a décidé, à plusieurs reprises, que l'existence d'un usufruit ne constitue pas une charge dans le sens fiscal du mot. Mais ne pourrait-on pas considérer comme « charge » cette condition d'usufruit qui déprécie les immeubles pendant la vie du titulaire?

» Attendu que cette vente, consentie par l'usufruitier et moyennant un prix déterminé d'un droit dont son décès seul pouvait mettre en possession C..., a tous les caractères de la transmission à titre onéreux que l'article 4 de la loi du 22 frimaire soumet au droit proportionnel; que décider le contraire et admettre que B..., acquéreur d'immeubles dépréciés par une condition d'usufruit pendant la vie du titulaire, moyennant un prix que cette condition détermine, a pu, sans acquitter un nouveau droit, réunir l'usufruit à la nue propriété, non par l'événement prévu du décès, mais par anticipation et par voie d'acquisition, serait contraire aux principes de la loi fiscale, qui s'oppose à ce qu'une transmission quelconque de propriété s'opère d'une tête sur une autre sans être soumis au droit proportionnel. »

L'arrêt et le jugement qui précèdent paraissent faire une application exacte du principe contenu dans l'article fondamental de la loi de l'an VII, qui veut que le droit soit assis sur les valeurs. Dans les deux cas, pas de fixation arbitraire, pas de calcul à opérer, pas d'analogie à chercher.

En présence de qui se trouve l'acquéreur?

D'abord, en présence du nu propriétaire, qui, — prenant l'espèce soumise au Tribunal de la Seine, — fixe la valeur de la nue propriété à .... Fr. 245.000

Puis, en présence de l'usufruitier, qui estime celle de l'usufruit à 122.000

Soit au total .... Fr. 367.000

sur lesquels le droit est perçu.

Le droit est assis sur les valeurs, art. 4.

Qu'importe à l'acquéreur A... que le prix soit divisé entre B... et C...? Quelle différence y a-t-il, à son point de vue personnel, entre un immeuble acquis de B... et C..., propriétaires à des titres différents, et un immeuble acquis d'un inconnu, X... Pour lui, l'impôt doit être adéquat au prix et ne peut pas être modifié par des événements passés, événements auxquels il a été étranger.

La raison se rend aisément aux motifs qui ont inspiré ces décisions. En effet, après de longues controverses, après les oscillations de la jurisprudence et les tâtonnements de la pratique, un principe se dégage, qui dissipe un peu l'obscurité des textes.

La perception est basée sur l'unité de valeur. C'est la seconde phase de la question.

Maintenant va commencer la troisième, la perception assise sur une valeur qui n'atteint pas l'unité.

1re phase. Base de la perception supérieure à l'unité.

2e phase. Base de la perception égale à l'unité.

3e phase. Base de la perception inférieure à l'unité.

Arrêt du 10 mars 1848.

Réunion d'usufruit par voie de cession au profit du tiers acquéreur de la nue propriété.

Le débat final s'engage et l'administration succombe définitivement.

« Attendu qu'il est établi au jugement que le sieur D..., ayant disposé de la nue propriété en faveur des légataires institués, l'usufruit devant rester à sa veuve en vertu d'une donation mutuelle précédente, les droits furent perçus à l'instant du décès du sieur D... pour la propriété tout entière, conformément à l'article 15, n° 7, alinéa 1, de la loi du 22 frimaire an VII;

» Attendu que c'est dans cet état que, par acte notarié du 12 avril 1847, les légataires vendirent la nue propriété de l'immeuble pour 80,000 francs, avec mention de l'usufruit demeurant à la veuve D..., et que le droit fut perçu sur la somme ci-dessus;

» Attendu qu'à la vérité, par un second acte notarié du 1er juillet suivant, le défendeur acquit de ladite veuve D... l'usufruit dont est question, pour une rente viagère de 3,000 francs évaluée au capital de 15,000 francs; mais qu'il n'en résultait que la réunion à la nue propriété, vendue par les héritiers D..., d'un usufruit pour lequel ils avaient acquitté le droit par anticipation ;

» Attendu que, quel que soit le nombre des mutations subies par la propriété d'un immeuble, il ne peut être perçu qu'un seul droit pour la réunion de l'usufruit à la nue propriété, cette réunion formant la seule mutation réelle quant audit usufruit; d'où il suit que si le droit a été perçu d'avance, il n'y a plus lieu de l'exiger de nouveau, et que le § 7 de l'article 15 reçoit ici son application. »

Les rédacteurs du *Journal de l'Enregistrement*, n° 14485, font sur cet arrêt la réflexion suivante : « Cet arrêt est contraire à tout ce qui a été fait et décidé pendant quarante ans, à partir de l'an VII. Il nous paraît en opposition avec toutes les lois générales de l'impôt, qui veulent que chaque nouveau possesseur paie les droits sur tout ce qu'il acquiert. Nous aurons occasion de revenir sur cette matière et de prouver que l'impôt dû par un acquéreur est tout à fait indépendant de celui qu'a payé le donateur ou l'héritier. »

Cette proposition paraît évidente et, comme toute vérité axiomatique, très difficile à démontrer. La preuve du reste n'a pas été faite. Cet argument, tiré de l'art. 31 de la loi de frimaire, a été fourni par l'administration. (Voir page 15.)

Arrêt du 21 juin 1848, conçu en termes identiques.

Nous persistons, disent les rédacteurs, à croire que la Cour s'est trompée; mais il serait maintenant inutile de le démontrer.

Cette démonstration, au contraire, eût été extrêmement utile.

L'administration, en transmettant l'arrêt du 10 mai aux agents, a fait une distinction qui mérite d'être rapportée :

« Si l'usufruit. avant l'expiration du terme qui lui a été assigné, se réunit au moyen d'un acte de renonciation, de vente ou de donation, il faut se reporter au démembrement de la propriété et percevoir un droit de mutation, lorsque l'usufruit et la nue propriété ont été originairement vendus par le même acte à deux personnes distinctes, ou bien le droit de 3 francs avec ou sans le droit proportionnel de transcription, suivant le cas, lorsque le démembrement a été opéré par un testament, par une donation ou par une vente, avec réserve de l'usufruit au profit du vendeur. »

De plus, la table des usufruitiers devient sans objet :

Dès qu'il a été reconnu qu'aucun droit n'est exigible en cas d'extinction naturelle de l'usufruit, il n'y a plus lieu de relever les ventes faites par le même acte à deux personnes distinctes, de la nue propriété et de l'usufruit d'un immeuble. Si l'usufruit est réuni à la nue propriété par un acte, la présentation de cet acte à l'enregistrement met les préposés à portée de percevoir les droits auxquels la transmission donne ouverture. »

Le dernier alinéa de l'arrêt du 10 mai 1848 contient, au profit du tiers acquéreur d'un immeuble grevé d'usufruit, un considérant qui conclut d'une manière très explicite à l'exemption d'une partie du droit proportionnel de mutation.

« Attendu que, quel que soit le nombre des mutations subies par la nue propriété d'un immeuble, il ne peut être perçu qu'un seul droit pour la réunion de l'usufruit à cette nue propriété, *cette réunion formant la seule mutation réelle quant audit usufruit. D'où il suit que si ce droit a été perçu d'avance, il n'y a plus lieu de l'exiger de nouveau ;*

» Au début, cependant, les conséquences de ce principe ont été longues à se manifester. Le lien qui existait entre le considérant de l'arrêt et les ventes simultanées de la nue propriété et de l'usufruit, n'apparaissait pas clairement, et dans la pratique l'application de cet arrêt resta limitée au cas spécial, c'est-à-dire aux ventes de nue propriété et d'usufruit faites par des actes successifs ;

Mais il n'existe virtuellement aucune différence entre un contrat passé le même jour avec un nu propriétaire et un usufruitier, et ce contrat passé la veille avec le nu propriétaire, le lendemain avec l'usufruitier.

La logique des choses devait amener la généralisation du principe, et la solution du 23 avril 1866 n'a fait que rendre plus évidente une analogie théoriquement reconnue.

La Cour de Cassation a décidé, par un arrêté du 10 mai 1848, *servant de règle*, que si l'acquéreur d'une nue propriété pour laquelle le cédant a payé le droit sur la valeur entière, se rend plus tard adjudicataire de l'usufruit légué à une autre personne, il ne peut être exigé aucun droit de mutation, puisque l'impôt a été acquitté par anticipation lors de la transmission de la nue propriété au cédant.

Il n'y a aucune raison pour ne pas appliquer ce principe à l'achat simultané par un tiers, de la nue propriété de l'usufruit. Dans ce cas l'acquéreur est toujours le représentant du cédant et doit profiter comme lui de l'exemption relative à la réunion de la jouissance. »

Pour saisir pleinement la pensée de la Cour suprême, et pour comprendre la portée de l'arrêt de 1848, qui a tranché une question de principe et non une question d'espèce, comme il le semble au premier aspect, il paraît utile de faire le rapprochement de cet arrêt de celui du 27 décembre 1847, sur la valeur à donner à la nue propriété des immeubles transmis par décès, lorsque le nu propriétaire est décédé sans avoir recueilli l'usufruit.

Jusqu'à l'année 1838, la question n'avait fait aucun doute et la valeur de la nue propriété avait été, sans discussion et sans obstacle, calculée sur vingt fois le revenu, absolument comme au moment de la première transmission.

Mais d'une part, il existe une connexité si grande entre les n°s 6 et 7 de la loi du 22 frimaire an VII, article 15;

D'autre part, la loi de 1832 avait augmenté les tarifs des droits de mutation par décès et entre vifs à titre gratuit dans une proportion telle, qu'une controverse devait nécessairement s'ouvrir sur la fixation de la valeur de la nue propriété considérée isolément.

Le tribunal de Chartres, dans un jugement du 17 février 1838, décide que le droit de mutation n'était dû que sur dix fois le revenu conformément à la demande des parties.

« Attendu que, d'après l'article 15 de la loi du 22 frimaire an VII, le droit de mutation une fois payé sur l'usufruit, toutes les aliénations successives qui pourraient être faites ultérieurement de la nue propriété à titre onéreux ne sauraient, ainsi que l'administration le reconnaît elle-même, entraîner aucun droit de mutation sur l'usufruit jusqu'à la réunion de la nue propriété.

» Attendu que ce principe, qui est de toute justice, doit également recevoir son application dans le cas de la transmission de la nue propriété à titre gratuit, par décès ou par acte entre vifs. Que dans l'un comme dans l'autre cas, il n'existe aucune transmission de l'usufruit et que dès lors la première condition nécessaire pour donner lieu à un droit de mutation ne se rencontre pas. »

Arrêt du 30 mars 1841, qui rejette le pourvoi de l'administration.

La perception en matière d'usufruit et de nue propriété, semble ne plus avoir de base certaine, disent les rédacteurs du *Journal de l'Enregistrement*.

« Nous ignorons si l'administration donnera des instructions dans le sens de cet arrêt. Il nous paraît qu'elle pourrait insister pour le maintien de la jurisprudence que l'on avait trouvée jusqu'à ce jour conforme au texte de la loi. »

Cependant les tribunaux secondaires s'écartent de la doctrine de la Cour.

Jugement du tribunal d'Arras du 20 avril 1848.

Le tribunal d'Arras repousse l'assimilation des § 6 et 7, c'est-à-dire des nues propriétés procédant, les unes d'un décès, les autres d'une vente. Des quantités d'une espèce différente ne peuvent être comparées entre elles.

« Considérant que l'argument tiré du § 6 de l'article 15, où un tiers acquéreur, à la différence de l'acquéreur immédiat de la nue propriété, n'est plus assujetti qu'à un droit proportionnel sur le prix de la vente de la nue propriété, est sans portée. Qu'en effet, la loi, dans cette hypothèse, a reçu toute son exécution spéciale et limitée ; que, d'un autre côte, le droit proportionnel est assis sur le prix de vente, et non comme dans l'espèce sur le revenu ; que le prix de vente de nue propriété s'accroît d'autant plus que les ventes se renouvellent et s'approchent davantage de l'extinction de l'usufruit. Ce qui n'a pas lieu dans ces mutations par décès ou à titre gratuit ; le revenu, base de la perception, restant toujours le même ;

» Considérant que la loi n'ayant pas affranchi l'héritier de la nue propriété venant en ordre subséquent, pas plus que l'héritier immédiat, du paiement du droit sur un revenu capitalisé au denier 20, on ne peut pas, sans créer une disposition et s'exposer à une perception arbitraire, abaisser le droit dans aucun cas pour la transmission de la nue propriété par décès ; qu'en effet, au lieu de percevoir dans ce cas, sur tout le revenu, comme l'ordonne la loi sans distinction, le droit n'en serait perçu que sur la moitié. »

Conforme, Dieppe, 1er juin 1842.
Saint-Calais, 18 février 1843.
Pontoise, 11 avril 1843.

Arrêt des Chambres réunies du 27 décembre 1847.

La perception du droit sur la nue propriété évaluée comme la toute propriété à l'époque du démembrement, exonère toutes les mutations subséquentes de nue propriété, d'une quotité d'impôt proportionnelle à la valeur de l'usufruit, c'est-à-dire à moitié.

« Vu les articles 4 et 15, nos 6 et 7 ;

» Attendu en droit que les actes qui opèrent une mutation de propriété sont seuls, aux termes de la loi, passibles du droit proportionnel d'enregistrement ; d'où il suit que ce droit ne peut être perçu toutes les fois qu'il n'y a pas translation de propriété d'une personne à une autre ;

» Attendu qu'il résulte du rapprochement des lois précitees, qu'elles contiennent une exacte appréciation d'un principe de droit ; qu'en effet, si elles soumettent celui qui acquiert la nue propriété d'un immeuble à payer, en même temps que le droit assis sur cette nue propriété, le droit dont serait passible l'usufruit dont il ne jouit pas encore, le paiement du second droit constitue un paiement par anticipation *et à valoir sur la mutation future* qui devra avoir lieu lorsque l'usufruit sera réuni à la nue propriété ;

» Attendu qu'au moyen de cette perception anticipée, le possesseur de la nue propriété est affranchi, de plein droit, du droit dont il serait redevable, le jour de la réunion effective et actuelle de l'usufruit à la nue propriété, s'il ne l'avait acquitté d'avance ; d'où il suit que quel que soit le nombre des mutations subies par la même propriété, il ne peut être dû, à leur occasion, aucun droit proportionnel, par l'usufruit qui en est encore séparé, et pour lequel le droit a été précédemment payé. Que s'il en était autrement, la régie percevrait un droit proportionnel sur l'usufruit, à cause d'un acte qui n'emportèrait pas mutation de l'usufruit ;

» Et pour une disposition pour laquelle le droit proportionnel auquel elle serait soumise a déjà été payé ;

» Qu'il importe peu qu'en ce cas l'usufruit puisse ou non être considéré comme une charge de la propriété, puisque dans l'espèce, le droit a été payé d'avance sur la pleine et entière propriété sans distraction des charges. »

L'arrêt s'appuie sur ce fait que le droit a été perçu par anticipation absolument comme dans le cas de vente. Ces deux questions ont été traitées parallèlement et tranchées de la même manière, et l'arrêt du 10 mai 1848 n'est que le corollaire de l'arrêt du 27 décembre 1847. La doctrine est affirmée maintenant sous les deux espèces.

Les conséquences pratiques s'imposent, et les solutions les plus récemment rendues compléteront ce résumé.

Décisions diverses.

Solution du 9 juin 1880.

« L'acquéreur est censé avoir traité séparément avec les héritiers et la veuve X... et avoir acquis d'abord la nue propriété de l'immeuble pour y réunir ensuite l'usufruit. Son contrat doit dès lors profiter de l'exemption du droit de vente, sur la portion du prix revenant à l'usufruitier.

Toutefois cette solution ne statue que pour le cas où le nu propriétaire reçoit immédiatement le prix de sa cession. Elle cesserait d'être applicable :

« 1° Si l'usufruitier devait toucher les intérêts du prix de la vente qui lui seraient délégués pour lui tenir lieu de l'usufruit. (Sol. 30 juin 1867. Rép. de M. Garnier, n° 2590) ;

» 2° Si en vertu d'un partage postérieur à la vente, les cédants devaient exercer sur le prix, l'un son usufruit, l'autre sa nue propriété. » (Sol. du 4 août 1869.)

Cette réserve a été abandonnée.

Solution du 2 août 1882.

Le défaut de déclaration de succession fait obstacle à la déduction de la valeur de l'usufruit.

« L'article 15, n° 7, de la loi du 22 frimaire an VII dispose qu'il ne sera rien dû pour la réunion de l'usufruit à la propriété, lorsque le droit aura été perçu sur la valeur entière de la propriété. L'exemption de l'impôt est donc subordonnée au paiement des droits de mutation par le nu propriétaire sur la valeur entière des biens. En un mot, pour que la réunion soit exonérée d'un nouveau droit de mutation, il faut que l'impôt ait été acquitté précédemment sur la valeur intégrale. Le paiement par anticipation est donc la condition expresse de l'exemption. Il suit de là : 1° que le droit de mutation doit être perçu tant que la déclaration de succession n'a pas été faite par les vendeurs.

» 2° Que l'acquéreur doit faire les diligences nécessaires pour interrompre dans les deux années de l'enregistrement la prescription qui s'opposerait à la restitution des droits perçus à titre provisoire. »

Solution du 2 août 1882.

Le paiement par anticipation doit être fait par le nu propriétaire.

« Deux conditions sont nécessaires pour l'exonération du droit :

» 1° Paiement par anticipation, par le nu propriétaire, du droit sur la valeur entière de la propriété ;

» 2° Réunion de la propriété et de l'usufruit sur la valeur entière de la propriété. Ainsi, les conditions ne sont pas remplies lorsque la vente est faite au profit d'une personne pour la nue propriété et d'une autre pour l'usufruit. »

Solution du 5 août 1882.

Si les reprises de l'époux survivant absorbent les immeubles de communauté, il n'y a lieu à aucune déduction.

« Lorsque tout l'actif de la communauté appartient à la veuve par suite du prélèvement de ses reprises, il n'y a lieu à aucune déduction, puisque, par suite des prélèvements exercés, il n'y a eu ni démembrement de la propriété, ni paiement par anticipation sur la valeur de la propriété. »

Solution du 21 septembre 1882.

Quelles que soient les attributions d'un partage, elles ne peuvent être opposables aux tiers acquéreurs.

« La transmission qu'il s'agit de tarifer, s'est opérée au profit d'une personne étrangère à la succession. Cette transmission et la réunion d'usufruit qu'elle a réalisée ne peuvent donc, en aucune manière, tomber sous l'application de l'article 883, et avoir un effet rétroactif.

» Lorsque la consolidation de l'usufruit s'est opérée, le droit de mutation par décès devait être considéré comme acquis au Trésor public, au moment même de l'ouverture de la succession. (Instruction 386, n° 39). Le droit de 4 0/0 n'a été perçu sur la somme représentant la valeur de l'usufruit qu'à titre de garantie des droits de succession non encore payés par les héritiers, et cette perception faite à titre provisoire ne peut être la cause d'un changement quelconque dans le chiffre des droits.

» Or, l'adjudication a eu pour effet immédiat et définitif de transférer au sieur A... la propriété de l'immeuble vendu en réunissant à la nue propriété d'un quart indivis de ce même quart qui appartenait à la dame X... C'est ce résultat qui doit servir de base au calcul de l'impôt.

» Un partage postérieur à l'adjudication, dont on ne tiendrait pas compte s'il était postérieur à l'enregistrement de l'adjudication, ne doit pas davantage, étant antérieur à cet enregistrement, exercer d'influence sur la perception.

» Une règle différente est admise, il est vrai, à l'égard des licitations suivies du partage, mais cette règle est fondée sur le motif spécial que « la licitation est alors considérée comme un acte d'exé-» cution du partage et se confond dans une seule et même opération.» (Arrêt du 12 mai 1870.)

» Ce motif ne se rencontre pas lorsque l'adjudication est prononcée au profit d'une personne qui n'est pas héritière; le contrat est alors parfait. Les actes postérieurs, notamment le partage, sont étrangers à l'adjudication. C'est donc le cas de rentrer dans l'application du principe général, d'après lequel la perception doit être basée sur l'état des choses et l'effet légal des conventions au moment où les droits sont acquis au Trésor. » (Instr. 1723, 36.)

Deux jugements des tribunaux des Sables-d'Olonne (9 juin 1881) et d'Orléans (24 janvier 1882) ont décidé dans ce sens en matière de transmissions simultanées de la nue propriété et de l'usufruit, que les conventions intervenues entre les co-propriétaires sont *res inter alios acta* à l'égard de l'adjudicataire.

Ce mode de calcul est, du reste, aussi conforme aux règles de l'équité qu'à celles de la législation de l'impôt.

» Il permet, en effet, à l'adjudicataire de connaître notamment le montant des droits qu'il aura à supporter ; tandis qu'autrement ces droits subiraient une augmentation ou une diminution suivant les résultats impossibles à prévoir, d'un partage auquel l'adjudicataire demeure étranger.

Solution du 25 septembre 1882.

Lorsque les legs dépassent la quotité disponible et qu'ils n'atteignent pas les immeubles, aucune déduction n'est possible.

« Lorsque des legs qui comprennent une donation d'immeubles en usufruit dépassent la quotité disponible, c'est l'interprétation donnée par les parties en cause qui doit servir de base à la perception du droit de vente; spécialement lorsque les différentes dispositions ont été réduites à une somme d'argent, il n'y a lieu à aucune déduction pour la valeur de l'usufruit, parce qu'aucun paiement n'a eu lieu par anticipation. »

Solution du 20 novembre 1882.

L'exemption du droit équivaut à paiement.

« Lorsqu'un époux a donné à son conjoint l'usufruit de sa part dans les bénéfices de la communauté, dans les termes de l'art. 1525 du Code civil, la valeur de cet usufruit doit être déduite, pour la perception du droit de vente, lorsque les nus propriétaires ont acquitté le droit de mutation par décès sur la valeur intégrale des biens. »

Solution du 4 mars 1882.

« Lorsque l'acte de vente rappelle une convention antérieure en vertu de laquelle le droit de l'usufruitier doit être reporté sur le prix au moyen de l'acquisition d'un titre de rente immatriculé en son nom pour la jouissance : la déduction doit être faite parce que l'on doit considérer l'acquéreur chargé de l'exécution de cette convention comme *negotiorum gestor* des vendeurs. »

(*Revue pratique de l'Enregistrement*, n° 916.)

Solution du 14 juin 1882.

La prescription des droits dus par le nu propriétaire équivaut à paiement.

« Pour que la réunion ultérieure de l'usufruit à la nue propriété soit exonérée du droit de mutation, il faut que l'impôt ait été acquitté sur la valeur intégrale de l'immeuble par le nu propriétaire. Le paiement par anticipation est la condition expresse de l'exemption. Toutefois la prescription étant un mode d'extinction des obligations, l'administration considère que la prescription équivaut à paiement. »

Interprétation.

Immeubles vendus sur licitation et acquis par des usufruitiers d'une part et des tiers acquéreurs de l'autre. Question d'arithmétique.
La déduction ne peut profiter au tiers acquéreur que si la somme de l'usufruit transmis primitivement n'est pas épuisée par les attributions faites à l'usufruitier.

Une difficulté s'élève lorsque des immeubles grevés d'usufruit sont vendus sur licitation et qu'ils sont acquis en partie par des tiers, en partie par des colicitants, auxquels les prix sont attribués en usufruit dans un partage homologué et présenté à l'enregistrement en même temps que l'adjudication.

L'exemple suivant va la faire ressortir.

A... décède, laissant des enfants et sa veuve usufruitière de moitié de ses biens.

Sa succession se compose exclusivement de deux maisons vendues chacune 200,000 francs, soit au total................Fr. 400.000

L'usufruit porte sur moitié, ou 200,000 francs, soit..Fr. 100.000

somme totale à déduire de l'ensemble des acquisitions, pour le calcul des droits de vente.

La veuve, aux termes d'un partage homologué, est attributaire en usufruit de la somme de 200,000 francs, montant du prix d'une des maisons qu'elle a acquise pour son compte.

Le droit de mutation, en ce qui la concerne, sera perçu sur 200,000 francs — 100.000 francs, valeur de l'usufruit, et les déductions possibles seront par conséquent épuisées.

Le tiers acquéreur de la deuxième maison demande à son tour la déduction de la valeur de l'usufruit de moitié, soit 50,000 francs, en se fondant sur ce fait que le partage ne lui est pas opposable.

Jusqu'à présent, dans la pratique, cette prétention n'a pas été admise, bien que ni les tribunaux, ni l'administration n'aient, croyons-nous, statué à cet égard.

Cette manière d'opérer est fondée : 1° sur ce fait que le total des déductions ne peut dépasser la quotité sur laquelle le droit a été perçu par anticipation;

2° Que les droits d'usufruit ont été payés par la veuve dans les termes mêmes du partage, c'est-à-dire sur la totalité de la maison dont le prix lui a été attribué.

D'où la conséquence que, vis-à-vis du tiers acquéreur, l'acquisition est faite comme s'il s'était agi d'un immeuble non grevé d'usufruit.

Ainsi qu'on a pu le voir, le principe des déductions de la valeur de l'usufruit, dans les ventes simultanées de nue propriété et d'usufruit, est tiré du motif du paiement par anticipation effectué par le nu propriétaire lors du démembrement de la propriété.

Mais pour que le tiers acquéreur puisse légalement requérir la distraction de la valeur de l'usufruit dans le calcul du droit proportionnel, il est nécessaire qu'il rapporte la preuve de ce paiement par anticipation. Car si le receveur des droits de vente n'a pas sous les yeux une pièce justificative constatant le paiement des droits par le nu propriétaire, il est fondé à exiger le droit de mutation à titre onéreux, comme garantie des droits de succession.

La pièce probante est un certificat délivré par le receveur de l'enregistrement du bureau de la situation des biens, et les vendeurs, qui ont intérêt à faire reconnaître l'importance des droits dont l'acquéreur se trouvera dégrevé, peuvent requérir le certificat en vertu de l'article 58 de la loi du 22 frimaire an VII.

Tableau des modifications du taux des droits d'enregistrement lorsque les propriétés vendues sont grevées d'usufruit.

QUOTITÉ grevée D'USUFRUIT	DROITS D'ENREGISTREMENT d'une Vente ordinaire. Multiples pour cent francs.	DROITS D'ENREGISTREMENT, y compris le droit de greffe. Multiples pour cent francs.	ÉCONOMIE sur une vente de cent mille francs.
La totalité.	(A) 4.375	(B) 4.650	2.500
1/2	5.625	5.900	1.250
1/3	6.041	6.316	834
1/4	6.250	6.525	625
1/5	6.375	6.650	500
1/6	6.458	6.733	417
1/7	6.510	6.785	365
1/8	6.562	6.837	312 50
1/9	6.597	6.872	278
1/10	6.625	6.900	250
1/12	6.666	6.941	208 50
1/14	6.694	6.969	182 50
1/16	6.718	7.093	156 25
Tarif ordinaire.	6.875	7.150	» »

(A) Au produit obtenu il faut ajouter un droit fixe de 5 fr. 63 c. pour réunion d'usufruit.

(B) Au produit obtenu il faut ajouter: 1° 5 fr. 63 c. pour droit de réunion d'usufruit; 2° 13 fr. 75 c. pour complément du droit de greffe.

Le tableau ci-dessus donne :

1° Le multiple à l'aide duquel on peut déterminer le droit d'enregistrement d'une vente ordinaire de 100,000 francs, selon que l'immeuble est grevé d'une quotité d'usufruit égale à la totalité, à la moitié, etc., jusqu'au 16e ;

2° Le même multiple augmenté du droit de greffe pour les ventes judiciaires;

3° L'économie résultant pour le vendeur de cette condition spéciale. Le tableau fait ressortir la progression constante qui affecte les multiples d'un même nombre et permet d'obtenir le chiffre correspondant à un usufruit inférieur au 16e.

Ainsi, 1/2 donnant, 1,250 francs; 1/4, 625 francs; 1/8e, 312 fr. 50 c.; 1/16e, 156 fr. 25 c.,

Un 32e donnera.........	78.125
Un 64e —	39.0625,

et ainsi de suite.

Ces coefficients, établis avec le nombre 96, plus petit diviseur commun de 32 et de 24, peuvent servir de barême pour toutes les ventes qui dépassent 4,000 francs. Au-dessous de ce chiffre, il serait difficile et peu intéressant d'établir nn coefficient exact, puisque l'économie pouvant résulter du paiement par anticipation disparaît souvent tout entière, par suite de l'addition du droit fixe, de 5,63 pour réunion d'usufruit à la propriété.

Bien plus, pour les ventes de 100 francs et au-dessous, le droit ordinaire se trouve augmenté simplement de 5 fr. 63 c. Prenons pour exemple le cas le plus fréquent dans la pratique, soit la déduction de la valeur du quart en usufruit, ou 1/8e du prix total :

Prix de vente : 100 francs.

	fr.	c.
Droit de transcription sur la totalité, à 1 fr. 50 c.	1 fr.	50 c.
Droit fixe de réunion........................	4	50
Droit de vente à 4 0/0 sur 100 francs, moins 1/8e ou 12 fr. 50 c., soit 87 fr. 50 c.............	4	»
	10	»
1/4.....	2	50
Total............	12	50
Droit de rédaction, s'il y a lieu............	1	375
	13 fr.	875

Cette conséquence inattendue paraît cependant pouvoir être évitée. Puisque la déduction de la valeur de l'usufruit ne doit être faite que sur la production des pièces justificatives des paiements, l'acquéreur, en restant sous l'empire du droit commun, n'aura à supporter que le tarif ordinaire, 6,875 francs, ou 7,150 0/0, suivant le cas.

Lorsque plusieurs décès ont eu lieu successivement avant la réunion de l'usufruit, le calcul se complique, parce que, dans un cas, le chiffre de la déduction est diminué, dans le second cas il est augmenté. Mais dans les deux hypothèses le tableau peut servir aux calculs préparatoires, avec une grande approximation.

PREMIER CAS. — Le chiffre de la déduction est diminué.

A... décède, laissant deux enfants et sa veuve, légataire de moitié en usufruit.

Un des enfants décède, laissant un quart de ses biens à sa mère, et trois quarts à l'autre enfant.

La succession de A... comprend un immeuble vendu 100,000 francs.

1/2 à chaque enfant, savoir :

	EN TOUTE PROPRIÉTÉ.	EN NUE PROPRIÉTÉ.
	—	—
	25,000 francs.	25,000 francs.
1/4	6,250 —	6,250 —
Valeur de l'usufruit		3,125 francs.

Soit 1/32e de la valeur totale.

L'économie sur le droit d'enregistrement, qui aurait été de .... 1.250 fr. »
sans le décès d'un des enfants, sera donc diminuée de 1/32e, ou 78 295
Soit 1.171 775

DEUXIÈME CAS. — Le chiffre de la déduction est augmenté.

A... décède, laissant un enfant et un tiers usufruitier de moitié.

L'enfant meurt, laissant des collatéraux et une veuve, donataire en usufruit de la totalité.

La succession de A... comprend un immeuble vendu 100,000 francs après le décès de l'enfant.

1er usufruit. — Sur 1/2 ou 50,000 francs	Fr.	25.000
2e usufruit. — Sur la moitié restant ou 50,000 francs		25.000
Total de la déduction	Fr.	50.000

1re DÉDUCTION. — Sur le droit	Fr.	1.250
2e — —		1.250
Total	Fr.	2.500

Dans cette dernière hypothèse il est dû, pour deux droits fixes de réunion d'usufruit à la nue propriété, 11 fr. 26 c.

Paris. — Imprimerie CHAIX (Succ. B), rue de la Sainte-Chapelle, 5. — 236-3 quente. Mais dans les deux hypothèses le tableau peut servir aux calculs préparatoires, avec une grande approximation.

Exemple C.3. — Le chiffre de la déduction est diminué.

A..., décédé, laissant deux enfants et sa veuve légataire de moitié en usufruit.

Un des enfants décède. [illegible] et trois-quarts à l'autre enfant.

La succession de A... comprend un immeuble valant 100.000 francs.

[illegible] chacun des enfants [illegible]

MÉTHODE [illegible] — [illegible]

[illegible]

www.ingramcontent.com/pod-product-compliance
Ingram Content Group UK Ltd.
Pitfield, Milton Keynes, MK11 3LW, UK
UKHW020957220726
13924UKWH00002B/737